BSIU 906724
45G1
2,9m
9'6"
ic
81
SUPER
HEAVY
B
S
4
5
AF639974

HANNES ARENDHOLZ

FOODBOOM

QUICK AND FANCY

EASY-GOING-REZEPTE AUS ALLER WELT

team tietge.

pommes &
champagner

VOM BONBON-ABENTEUER ZUR KULINARISCHEN WELTREISE

Schon mit sechs haben mich Lebensmittel fasziniert. Ein riskantes Bonbon-Experiment hätte damals beinahe die Küche meiner Eltern in Flammen gesetzt, aber es entfachte auch meine Leidenschaft fürs Kochen. Als kleiner Geschäftsmann aus der vierten Klasse verkaufte ich später Popcorn in der Schule. Der Funke sprang endgültig über, als ich in der Koch-AG und bei einem Schulpraktikum in der fesselnden Welt der Küche landete.

Mit Foodboom und unseren Videos rund ums Kochen erreichen mein Team und ich auf Instagram, Facebook, Tiktok oder Youtube inzwischen unglaublich viele Menschen. Eines ist mir aber heute noch so wichtig wie damals: Kochen soll Spaß machen! Ich möchte vermitteln, dass ein gutes Mittagessen ganz schnell und einfach gehen kann – ohne exotische Zutaten oder teure Küchengeräte, die man sich daheim nicht leisten kann.

Die Inspiration dafür hole ich mir aus meinen Reisen, die mich mit meinem Team schon um die halbe Welt geführt haben. Die kulinarischen Höhepunkte reichen dabei von frischem Olivenöl in Kreta über 60-Cent-Pad-Thai in Bangkok bis zu gegrillten Kochbananen mit Speck und Käse in Costa Rica. Ja, das schmeckt genau so abgefahren, wie es klingt! Aber Klassiker wie Omas Nudeln verschlinge ich mindestens genauso gerne …

Meine Reisen sind für mich eine Hommage an die Vielfalt, die Kreativität und die Leidenschaft des Kochens. Vom Bonbon-Abenteuer bis zu internationalen Entdeckungen sehe ich meine Geschichte als eine Genussreise für alle, die sich gerne kulinarisch inspirieren lassen. In diesem Sinne wünsche ich Euch viel Inspiration und Freude beim Nachkochen!

Kulinarische Grüße
Hannes

WILD
FLEISCH

INHALT!

So lässt es sich aushalten: Konstantinos Sfendourakis fährt mit mir durch seine Olivenhaine auf Kreta

WIE ISST DIE WELT?

WIE KOCHT MAN SCHNELL, SIMPEL UND SENSATIONELL? UM DAS FÜR EUCH HERAUSZUFINDEN, BIN ICH UM DIE HALBE WELT GEREIST. NACH KRETA, NAMIBIA, KOLUMBIEN UND FRANKREICH. MAGST DU VIELLEICHT MITKOMMEN?

Puh! Ganz schön anstrengend, so eine Olivenernte (l.)

Die Berge Kretas erheben sich auf mehr als 2000 Metern Höhe – und bieten damit beste Voraussetzungen für den Olivenanbau

Diese Geschichte beginnt mit einem Geständnis: Wenn es um's Kochen geht, bin ich ein ziemlicher Faulpelz. Natürlich nehm' ich mir auch mal Zeit für aufwendige Gerichte, vor allem wenn es um besondere Menschen oder spezielle Anlässe geht. Grundsätzlich aber habe ich wenig Lust, mich stundenlang mit Schäumchen oder Türmchen zu verkünsteln. Ich bin auch überzeugt, dass gutes Essen überhaupt nicht kompliziert sein muss. Im Gegenteil: Gerade mit wenigen und einfachen, aber hochwertigen Zutaten kann man oft die besten Gerichte auf den Teller zaubern. Weniger Schnickschnack, mehr Geschmack – das ist mein Motto! So, wie es in vielen Küchen der Welt eben schon von jeher üblich ist.

Um so viel wie möglich über schnelle Küche mit großartigen Ergebnissen zu lernen, reise ich gern. Mir geht es darum, wie man mit minimalem Aufwand maximale Geschmacksvielfalt erzielt. Wie man die kulinarische Essenz einer Region in unkomplizierten, alltagstauglichen Rezepten zum Ausdruck bringt. Und gleich bei meinem ersten Stopp wird mir klar, welch wichtige Rolle die Qualität der Zutaten bei diesem Thema spielt …

Griechenland: die pure Lebensfreude

Die Sonne auf Kreta brennt an diesem Tag besonders heiß, als ich den Olivenbauern Konstantinos Sfendou-

rakis treffe und gleich mal bei der Ernte helfen darf. Mit einer Art Besen schütteln wir die Oliven von den Bäumen, sammeln sie in Netzen und packen sie in Körben auf seinen motorisierten Lastesel mit drei Reifen. Sieht aus wie Marke Eigenbau, funktioniert aber gut in dieser holprig-steinigen Wildnis Griechenlands.
Mich beeindruckt, mit wie viel Liebe und Sorgfalt sich Konstantinos um seine mehr als 2000 Bäume kümmert! „Wenn du deine Bäume richtig beschneidest und leidenschaftlich pflegst, werden sie es dir danken“, ist seine Devise. In der prallen Mittagssonne ernten wir gefühlt zig Tonnen der kleinen grünen Früchte. Bis zu 200 Kilo Oliven wachsen auf jedem Baum, genug für rund 40 Liter Öl. „Mit zwei Teams schaffen wir 1300 bis 1400 Liter am Tag“, sagt Konstantinos. „Direkt nach der Ernte kommen die Oliven in die Presse, damit ihre wertvollen Inhaltsstoffe erhalten bleiben.“
Nach nur 45 Minuten sind Hunderte Flaschen mit dem hochwertigen Stoff gefüllt. Und wie unfassbar gut das Öl schmeckt! Frisch, fruchtig, mit einer ganz leichten Bitternote und einer angenehmen Schärfe. „Es ist das Mikroklima, das wir haben“, verrät mir später Manolis Simcroulidis, der Chef der kleinen Ölmühle im Osten der Insel. „Es ist die Höhe über dem Meeresspiegel, der Boden und das Wasser. Und natürlich die Sonne. All das macht unser Öl zu einem der besten der Welt.“ Hier ist es sogar üblich, jeden Morgen ein kleines Gläschen Olivenöl pur zu trinken, wie ich von einem 100-jährigen Inselbewohner erfahre. „So ölen wir unseren Organismus –und bringen alles in Gang!“

Ich kann Euch nicht sagen, woran es genau liegt – vielleicht auch an diesem Urlaubsfeeling, der Sonne, den netten Menschen –, aber eine aufgeschnittene Tomate mit etwas von diesem göttlichen Olivenöl und einer Prise Salz gibt mir im Moment tatsächlich mehr als ein Sechs-Gänge-Menü im Sterne-Restaurant.

Das schönste Erlebnis auf Kreta aber habe ich in einem kleinen Bergdorf hoch über dem Meer. Eigentlich wollen wir dort nur eine kleine Geschichte drehen. Die Dorfbewohner aber haben andere Ideen und empfangen uns so unglaublich herzlich, dass wir den ganzen Tag bleiben. Der Bürgermeister organisiert eine Band, der Holzofen wird angeworfen und wir backen für das komplette Dorf Brot. Dazu gibt's Schafskäse, Tomaten, Raki und Ouzo, ich entdecke meine Liebe zu Fava – einem Hummus aus gelben Bohnen – und habe plötzlich ein Rezept als Lifetime-Souvenir.

Hier auf Kreta merke ich zum ersten Mal, welche Bedeutung die Einfachheit der Dinge hat. Und: Dass Essen hier viel mehr gelebt wird, dass man sich trifft, viele unterschiedliche kleine Dinge isst und viel miteinander kombiniert. Das Erlebnis, dort mit diesen Menschen zusammenzusitzen und ihre Geschichten zu hören, diese Lebensfreude zu spüren, die Gastfreundschaft – das werde ich mein ganzes Leben weitertragen.

Namibia: Das Land der Überraschungen

Auch in Namibia, der nächsten Station unserer Reise, werden wir unglaublich herzlich empfangen. In der Hafenstadt Walvis Bay fahren wir mit einer gutgelaunten Crew raus aufs Meer – auf der Suche nach einer Delikatesse, die ich vorher niemals mit Namibia in Verbindung gebracht hätte. Austern! Die gibt es hier tatsächlich auf jeder Speisekarte. Das Verrückte daran ist, dass es vor der Küste Namibias bis vor Kurzem gar keine Austern gab. Die einheimischen Fischer haben sich vor ein paar Jahren einfach Pazifik-Austern besorgt, und bis heute fühlen sich die Zugereisten hier ziemlich wohl. So wohl sogar, dass sie in Rekordzeit wachsen. Wo andere Austern bis zu drei Jahre brauchen, um auf einer Meeresfrüchteplatte zu landen, braucht die namibische Auster nur eins. Ziemlich cool! Aber können sie geschmacklich mit Austern aus der Bretagne oder der Normandie mithalten?

Als die Crew einen Korb zur Kontrolle aufs Boot hievt, ergreife ich die Chance und schnappte mir ein besonders schönes Exemplar. Rein äußerlich unterscheidet sie sich erst mal gar nicht von einer Auster aus dem Ärmelkanal. Beim Öffnen aber: Überraschung! Ein kompaktes und muskulöses Portiönchen Muskelfleisch

Genau so haben wir uns Afrika vorgestellt: Campingsafari im namibischen Outback

Die Foodboom-Crew genießt frisch gegrilltes Oryx-Filet in Namibia. Outdoor-Grillen ist ein fester Bestandteil der namibischen Esskultur

liegt vor mir – fast schon mit einem kleinen Stück Hühnerbrust vergleichbar. Das machte das Schlürfen quasi unmöglich, weil der Inhalt nicht so geschmeidig wie sonst den Gaumen herunterrutscht. Aber der Geschmack! Süß, fast nussig und nicht zu salzig, sondern mit einer feinen Meeresnote. Direkt auf dem Boot mit Tabasco und Zitrone inhaliert – der reine Wahnsinn. Das ist nicht nur die fleischigste und größte, sondern auch eine der besten Austern meines Lebens.

Aber Namibia ist noch für weitere kulinarische Überraschungen gut. Oder habt Ihr schon mal was vom Kalahari-Trüffel gehört? Diese besondere Trüffelart hat nur von März bis Mai Saison und ist daher genau wie ihre europäischen Verwandten heiß begehrt. „Reich wird man damit aber leider nicht!", erzählt mir Urs Gamma und lacht. Der Schweizer ist Honorarkonsul und bildet nebenbei am Namibian Institute of Culinary Education in Windhoek die nächste Generation von Köchen aus. „Man findet die Trüffel zwar nur für kurze Zeit, dafür schießen sie dann aber im wahrsten Sinn des Wortes wie Pilze aus dem Boden." Die Trüffel haben einen intensiven und ungewöhnlichen Geruch, den ich am besten als eine Mischung aus

Haselnuss und Steinpilz beschreiben kann. Urs brät sie mit etwas Salz und Rosmarin an und serviert sie uns auf einer knusprigen Scheibe Brot. Zum Reinlegen!

Auf Vegetarier ist das Land ansonsten eher (noch) nicht eingestellt. Ich würde sogar sagen: Namibia und Fleisch – das gehört untrennbar zusammen. Biltong und Trockenwurst sind so alltäglich wie das Zähneputzen. Auf dem Soweto-Markt im Windhoeker Stadtteil Katutura sehen wir Berge von Rinderköpfen, die einfach so auf Pappkartons herumliegen. Die Luft steht, es ist heiß und der Geruch dieser Auslagen steigt uns bis in den letzten Winkel des Gehirns. Es riecht talgig. Nach Rinderfett und Blut. Gewöhnungsbedürftig ist das für uns Europäer schon.

Wie genial das Fleisch hier aber schmeckt, merke ich am Abend, als wir uns ein Oryx-Filet auf den Grill legen. Das geht hier in Namibia an jeder Straßenecke, denn öffentlich zugängliche Grillplätze gibt es wie Sand am Meer. Über unsere rosa gegrillte Antilope geben wir einen klein geschnittenen, getrockneten Mopane-Wurm – eine Schmetterlingsraupe, die hier als absolute Delikatesse gilt – und servieren das Ganze mit buntem Grillgemüse. Und wir merken mal wieder, dass man keinerlei Schnickschnack braucht, solange die Qualität stimmt.

Kolumbien: skurril, dreckig und mega spannend

Der Mercado de Bazurto ist nichts für Touristen. Diebe und Mörder sollen hier ihr Unwesen treiben, Reiseführer raten dringend von einem Besuch ab. Klar, dass wir uns das nicht entgehen lassen, oder? Schon morgens früh um sieben sind wir auf dem Markt in der Küstenstadt Cartagena ganz im Norden Kolumbiens unterwegs und kommen aus dem Staunen nicht mehr heraus. Abenteuerlich, skurril, chaotisch und dreckig geht's hier zu – das ist genau mein Ding! Wir sehen einen Wagen mit Rinderschädeln an uns vorbeifahren, Männer köpfen frischen Fisch auf blanken Holztischen, während gegenüber Kokosnüsse mit Macheten aufgeschlagen werden. Vor allem aber gibt es hier eine unglaubliche Vielfalt an Obst- und Gemüsesorten. Neben Bananen, Maracujas und Erdbeeren wartet der Markt für uns mit einer ganzen Reihe an Neuentdeckungen auf. Guaven zum Beispiel, Baumtomaten, die Andenbeere Mora, die wie eine rote Brombeere aussieht, Granadillas, die zu den Passionsfrüchten gehören, oder Mamoncillos, eine Art Limette. Wir probieren die Lulofrucht, die in Kolumbien besonders beliebt ist. Die sieht ein bisschen wie eine Tomate aus, schmeckt ein wenig nach Kiwi und Ananas, haut uns aber nicht wirklich vom Hocker. Dann aber beißen wir in eine Mamey Sapote. Hammer! Diese Beeren-

Ein Händler nimmt Fische auf dem Mercado de Bazurto aus. Auf dem Markt in der Kleinstadt Cartagena geht es für uns Europäer ganz schön chaotisch und abenteuerlich zu

Auf Angeltour im Mangrovenwald, Markthändler unter sich, Fischersfrau Milena bereitet Arepas zu, und unterwegs auf dem Mercado de Bazurto

frucht schmeckt nach Melone, Mango, Birne und Apfel gleichzeitig und ist für uns die große Entdeckung dieses Marktbesuchs. Falls Ihr jemals nach Kolumbien kommt: unbedingt probieren!

Plötzlich entdecke ich etwas, was ich noch nie zuvor in seiner ursprünglichen Form gesehen habe. Tamarinde! Ich knacke die Schale auf und probiere das Fruchtmark. Ich sage Euch: Wenn Ihr das pur auf etwas Gemüse oder Fleisch auftragt und auf den Grill werft, seid Ihr der King! Dagegen könnt Ihr alle Saucen vergessen. Wenn ich noch ein paar Tage Zeit hätte, würde ich mich hier gnadenlos durch alle Lebensmittel futtern. Wir aber fahren weiter, hoch in die Berge Kolumbiens, zu einer Kakaofarm in der Nähe von Pereira. Hier wollen wir herausfinden, wie richtig guter Kakao angebaut wird. Was für ein kleines Paradies! Farmbesitzer Fernando baut hier oben neben Kakao auch Kaffee, Bananen, Mangos, Zitronen und Mandarinen an. Am spannendsten aber wird es für uns auf der Kakaoplantage. Wir schauen Fernando zu, wie er mit einer Machete vorsichtig eine Kakaofrucht vom Baum abtrennt. Mit einem Hieb öffnet er sie und legt das Fruchtfleisch mit den Kakaobohnen frei. Ich soll eine Kakaobohne in den Mund nehmen und daran lutschen – mehr nicht! Die Bohne selbst schmeckt nämlich nicht besonders, aber die schleimige Hülle außen herum sorgt für einen echten Wow-Moment. Das schmeckt wie Melone! Man kann sich kaum vorstellen, dass etwas so Schleimiges so lecker sein kann!

Bis die Bohnen zum Verzehr geeignet sind, muss man viel Geduld aufbringen. In einem wochenlangen Prozess werden sie fermentiert und getrocknet, dann geröstet, geschält, geschrotet und gemahlen. Fernando lässt es sich nicht nehmen, uns seine Kakaowalze vorzuführen. Die Kakaonibs, die dabei herauspurzeln, füllen wir in eine Art Fleischwolf – und der schokoladige Duft, der sich langsam ausbreitet, verrät uns, dass wir auf der richtigen Spur sind. Und tatsächlich! Plötzlich tropft eine herrlich buttrige, flüssige Kakaomasse heraus und wir dürfen einen Finger davon kosten. Jesses! Die Masse schmeckt unglaublich intensiv nach Schokolade: ölig, nussig, voller Röstaromen und sagenhaft bitter. Fernando grinst. Er nimmt die Schüssel mit der Kakaomasse, streicht sie auf Bananenblätter und lässt sie im Kühlschrank fest werden. Kaum zu glauben, dass das eigentliche Highlight des Tages erst noch vor uns liegt, aber: Wir dürfen jetzt sogar noch eine Tasse selbst aufgekochten Kakao trinken! Fernando hat dafür in einem Topf Wasser mit Zuckerrohr vermischt, ein paar Kakaostückchen hineingeworfen und alles aufgekocht. Es duftet, als wären wir in einer großen Schokoladenfabrik. Und dann: der erste Schluck. Voll-

Knietief in der Salzsuppe: Mit Schaufeln türmen die Männer in Aigues-Mortes das Salz zu schneeweißen Pyramiden auf

kommen überwältigend! Man schmeckt förmlich heraus, wie viel harte Arbeit und Liebe in diesem Getränk steckt. Und wir wissen: Diesen Kakao werden wir nie wieder vergessen.

Frankreich und das Salz in der Suppe

Dass man in Frankreich kulinarisch so einiges lernen kann, steht außer Frage. Ich könnte mich im Le Cordon Bleu anmelden und für 30 000 Euro ein Grand Diplôme in Patisserie erwerben. Oder in irgendeinem Sterne-Hotel lernen, wie man ein 27-Gänge-Menü kocht, bei dem man am Ende immer noch Appetit hat. Ich aber entscheide mich dafür, in ein kleines Örtchen in der Camargue zu fahren und bei der Salzernte zu helfen. Denn: Genau wie bei Olivenöl oder Kakao gibt es auch beim Salz riesige qualitative Unterschiede.

Hier, in Aigues-Mortes, werden seit Jahrzehnten Meersalz und Fleur de Sel für die Marke La Baleine auf traditionelle und nachhaltige Art gewonnen. „Die Bedingungen für die Salzernte sind hier ideal“, erklärt mir Hubert Francois, der Chef von La Baleine. „Es gibt viel Sonne und Wind, was ideal für die Verdunstung des Meerwassers ist. Dazu liegt Aigues-Mortes unter dem Meeresspiegel. Das bedeutet: Das Meerwasser sammelt sich hier automatisch, ohne dass wir viel pumpen müssen, und das Meersalz kann sich ganz in Ruhe bilden.“ Hubert hat die Firma 2015 gekauft und sich damit einen langgehegten Traum erfüllt: „Schon seit meiner Kindheit bin ich oft in die Camargue gekommen. Für mich ist das hier ein ganz wunderbarer,

außergewöhnlicher Ort mit viel Natur, Flamingos und dem Meer. Hier verbindet sich Handwerk mit Natur auf faszinierende Weise."
Das will ich mir natürlich genauer anschauen. Also: Rein in die kurzen Hosen und raus in die Salzbecken! Das Meerwasser ist tatsächlich noch viel pinker, als ich es mir vorgestellt habe. Das liegt übrigens an einer Alge, die viel Beta-Carotin enthält und hier ganz natürlich im Meer vorkommt. Gummistiefel an – und schon stehe ich mit gut einem Dutzend sonnengebräunter Männer knietief in der Salzsuppe. Wir schaufeln das Salz zusammen und türmen es auf schwarzen Plastikpaletten zu Pyramiden auf. Von hier wird das weiße Gold später mit dem Lkw abtransportiert. Ganz schön anstrengend! Aber hier draußen in der Natur zu arbeiten, mit einer frischen Meeresbrise und der Sonne im Nacken – daran könnte ich mich gewöhnen …

Von so viel Anpacken kriegt man natürlich Hunger. Hubert bittet mich, eine große Tasse Salz abzuschöpfen und nimmt mich mit zu seiner „maison du president", einem kleinen Barbecue-Spot am Meer. Dort hat Kollege Johann schon mal den Grill angeworfen. Now we're talking! Gemeinsam bereiten wir eine Dorade im Salzmantel zu. Der Fisch wird mit Zitronenscheiben und Kräutern gefüllt, mit einer dicken Schicht aus Meersalz umhüllt und dann in einer Art Erdgrill gegart. Das Ergebnis: Ein unglaublich saftiges Stück Fisch, das mir geradezu auf der Zunge zergeht. Mit nichts anderem als gutem Salz haben wir eines der leckersten Fischgerichte gekocht, das ich je gegessen habe. Könnte eine Reise besser zu Ende gehen?

So muss das! Während die Dorade im Erdgrill gart, rösten Johann und ich oben auf dem Rost noch ein paar frische Auberginen

„DIESE OFFENHEIT, DIE LEBENSFREUDE – DAS WERDE ICH MEIN GANZES LEBEN LANG WEITERTRAGEN“

„Was schmeckt besser als geröstetes Brot? Na, geröstetes Knoblauchbrot! Und angestoßen wird stilecht mit Raki – cheers!"

GERÖSTETES BROT MIT SARDINEN UND KNOBLAUCH

FÜR 2 PERSONEN | 15 MINUTEN | MIT FISCH

EINKAUFSLISTE

4	Blätter Salbei
2	Knoblauchzehen
2 EL	Olivenöl
4	Scheiben Baguette
8	Oliven, grün und schwarz, entsteint, aus dem Glas
100 g	Sardinen, in Öl, aus dem Glas
4 cl	Raki

Salbei waschen, trocken schütteln und klein hacken. Knoblauch schälen und klein würfeln.

Öl in einer Pfanne erhitzen und Baguette darin mit Salbei und Knoblauch von beiden Seiten etwa 2 Minuten rösten.

Oliven und Sardinen abtropfen. Geröstetes Baguette mit Oliven und Sardinen belegen und mit Knoblauch und Salbei garnieren. Mit Raki servieren.

UTENSILIEN

Messer | Brett | Herd | Pfanne

MEIN TIPP

Kräuter bleiben länger frisch, wenn Ihr sie in ein feuchtes Küchentuch einwickelt und im Kühlschrank aufbewahrt.

MEIN TIPP

Lasst Eurer Kreativität freien Lauf: Bruschetta könnt Ihr nach Belieben belegen, die Basis ist einfach Röstbrot.

„Brötchen mit Gurkensalat: Ideal, wenn Ihr mal Lust auf ein eher leichtes Mittagessen habt. Der Chili sorgt für den nötigen Pepp!"

GRÜNE BRUSCHETTA

FÜR 2 PERSONEN | 15 MINUTEN | VEGAN

EINKAUFSLISTE

4 EL	Olivenöl
4	Scheiben Graubrot oder Baguette
1	Salatgurke
½ Bd.	Dill
4	Frühlingszwiebeln
	Salz
	Chiliflocken

Öl in eine Pfanne geben und die Brotscheiben von jeder Seite für etwa 2 Minuten rösten.

Derweil Gurke, Dill und Frühlingszwiebeln waschen. Gurke der Länge nach halbieren und das Kerngehäuse mit einem Esslöffel herauskratzen. Gurke in etwa 0,5 auf 0,5 cm kleine Würfel schneiden. Den Dill trocken schütteln und grob klein schneiden. Frühlingszwiebeln in feine Ringe schneiden.

Gurke, Dill und Frühlingszwiebeln in einer Schüssel miteinander vermengen und mit Salz und Chiliflocken abschmecken.

Das geröstete Brot mit dem Gurkensalat belegen und servieren.

UTENSILIEN

Herd | Pfanne | Messer | Schneidebrett Schüssel

„Ein ungewöhnlicher, schneller und super knackiger Salat, der zeigt: Es lohnt sich, in der Küche auch mal etwas mutiger zu sein!“

GURKENSALAT 2.0

FÜR 2 PERSONEN | 15 MINUTEN | VEGAN

EINKAUFSLISTE

1 Bd.	Radieschen
1	Gurke
1	Zwiebel, rot
100 g	Walnüsse
2	Stiele Minze
2	Stiele Dill
2	Stiele Koriander
2	Stiele Petersilie
1	Zitrone
2 EL	Zucker
½ TL	Salz
1 Prise	Pfeffer
1 EL	Weißweinessig
3 EL	Olivenöl

Radieschen und Gurke waschen, Radieschen vom Grün entfernen und in Scheiben schneiden. Gurke in dünne Scheiben schneiden. Rote Zwiebel schälen, halbieren und in feine Streifen schneiden. Walnüsse hacken. Minze, Dill, Koriander und Petersilie waschen, trocken schütteln und fein hacken. Jetzt Radieschen, Gurke, Zwiebel, Walnüsse und Kräuter in einer Schüssel vermengen.

Zitrone halbieren, Saft herauspressen und zusammen mit Zucker, Salz, Pfeffer, Essig und Olivenöl in einer Schüssel verrühren. Salat vermengen und servieren – am besten mit einem frischen Fladenbrot.

UTENSILIEN

Messer | Brett | Schüsseln | Saftpresse

MEIN TIPP

Für noch mehr Grünzeug die frischen Radieschenblätter zur Seite legen, ordentlich reinigen und unter den Salat heben.

MELONEN-FETA-SALAT

FÜR 2 PERSONEN | 10 MINUTEN | VEGETARISCH

„Als ich vor ein paar Jahren zusammen mit meiner Mutter in Budapest war, hat sie dieses Gericht auf einer Speisekarte entdeckt. Feta und Melone: Für sie klang das nach einer fürchterlichen Kombi – aber dann hat sie den Salat probiert und war komplett geflasht. Für mich das beste Party- und Picknick-Rezept ever!“

EINKAUFSLISTE

150 g	Wassermelone
100 g	Feta
80 g	Feldsalat
1	Bio-Zitrone (unbehandelte Schale)
20 ml	Olivenöl
1 TL	Honig
	Salz und Pfeffer

Die Wassermelone in Scheiben schneiden und von der Schale lösen. Feta und Wassermelonenfruchtfleisch in gleichmäßige Würfel schneiden. Feldsalat waschen, trocken tupfen und klein zupfen, wenn er zu groß ist.

Die Bio-Zitrone heiß waschen und trocken tupfen. Die Schale abreiben und den Saft auspressen. Mit Olivenöl, Honig, Salz und Pfeffer verrühren und das Dressing über den Salat geben.

UTENSILIEN

Messer | Brett | Sieb | Schüsseln | Reibe
Saftpresse

MEIN TIPP

In einem Glas mit Schraubverschluss könnt Ihr den Salat mitnehmen und z. B. auch outdoor verzehren.

MEIN TIPP

Anstelle von Mango könnt Ihr auch Pfirsich verwenden.

CAPRESE MIT MANGO

FÜR 2 PERSONEN | 10 MINUTEN | VEGETARISCH

„In einem alten Kochbuch von Alfons Schuhbeck aus den 1970ern habe ich mal ein Rezept für einen Tomaten-Mango-Salat entdeckt. Ich dachte mir: Wenn das zusammenpasst, dann schmeckt Insalata Caprese bestimmt auch mit Mango. Und siehe da: Die obstige Caprese ist eine Wucht. Lecker, erfrischend und super simpel!“

EINKAUFSLISTE

1	Mango
250 g	Mozzarella
1	Chilischote, rot
4	Stiele Basilikum
1	Limette
1 EL	Olivenöl
	Salz

Mango schälen und in feine Scheiben schneiden. Mozzarella ebenfalls in Scheiben schneiden. Die Chilischote waschen, trocken tupfen und in feine Ringe schneiden. Basilikum waschen, trocken schütteln und grob zupfen. Limette heiß abwaschen und trocken tupfen.

Mango und Mozzarella mit Chilischeiben und Basilikum auf einem Teller anrichten. Mit Olivenöl, Limettenschale und Salz würzen und servieren.

UTENSILIEN

Sparschäler | Messer | Schneidebrett
Reibe

MEIN TIPP

Statt des Ahornsirups könnt Ihr auch einen kräftigen Tannenhonig verwenden.

„Feigen und Feta: Das passt zusammen wie Sonne und Sommer. Diesen Salat müsst Ihr auf Eurer nächsten Grillparty mal probieren!"

FEIGEN-SALAT MIT AHORN-DRESSING

FÜR 2 PERSONEN | 15 MINUTEN | VEGETARISCH

EINKAUFSLISTE

1	Stiel Thymian
½ EL	Pommery-Senf (grober Senf)
1 EL	Balsamico-Essig
2 EL	Ahornsirup aus Kanada
1 EL	Walnussöl
	Salz und Pfeffer
4	Feigen
50 g	Rucola
½	Zwiebel, rot
100 g	Feta
40 g	Walnüsse

Für das Dressing den Thymian waschen, trocken schütteln und die Blättchen abzupfen oder -streifen. Den Senf mit Balsamico und Ahornsirup in eine Schüssel geben und verrühren. Öl und Thymian dazugeben. Mit Salz und Pfeffer abschmecken. Tipp von mir: Ihr müsst nicht extra Pommery-Senf oder groben Dijon-Senf kaufen, die Vinaigrette schmeckt auch mit normalem Senf sehr gut.

Einen Grill oder eine Grillpfanne stark erhitzen. Feigen und Rucola waschen und in einem Sieb abtropfen lassen. Zwiebel schälen und in feine Streifen schneiden. Feigen halbieren und auf dem Grill kräftig rösten. Feta mit den Händen grob zerbröseln. Walnüsse in einer Pfanne ohne Fett für 3–4 Minuten bei mittlerer Hitze rösten und zerstoßen.

Feigen mit Feta, Rucola, Zwiebelstreifen sowie Dressing vermischen, auf Tellern anrichten und mit Walnusskernen getoppt servieren.

UTENSILIEN

Schälchen | Grill oder Grillpfanne
Schüssel | Schneebesen | Messer
Küchenwaage | Löffel | Sieb | Pfanne
Schneidebrett

„Kross-würziger Halloumi trifft auf knackiges Gemüse und fluffiges Fladenbrot: für mich das perfekte Gericht für laue Sommerabende“

HALLOUMI MIT AIOLI UND BRATPAPRIKA

FÜR 2 PERSONEN | 15 MINUTEN | VEGETARISCH

EINKAUFSLISTE

150 g	Bratpaprika
100 g	Zucchini
20 g	Frisée
40 g	Rucola
250 g	Halloumi
1	Fladenbrot
	Salz und Pfeffer
1 TL	Olivenöl
150 g	Aioli

Paprika, Zucchini, Frisée und Rucola waschen und trocken tupfen. Zucchini in Scheiben schneiden und Frisée grob zerzupfen.

Grill vorheizen. Halloumi in etwa 1 cm dicke Scheiben schneiden und mit dem Gemüse auf dem heißen Grill von jeder Seite für 2 Minuten grillen. Fladenbrot nach Belieben ebenfalls kurz auf den Grill legen und anknuspern.

Gemüse mit Salz und Pfeffer würzen. Halloumi und Salat mit etwas Olivenöl beträufeln. Fladenbrot und Aioli mitservieren.

UTENSILIEN

Messer | Brett | Grill

MEIN TIPP

Wenn Ihr den Halloumi marinieren wollt, könnt Ihr Öl, Honig, Thymian, Chili und gestoßene Koriandersaat vermengen und den Käse 2 Stunden einlegen.

MEIN TIPP

Wer es süßer mag, kann den Salat mit Agavendicksaft oder Honig verfeinern. Super lecker! Löffeln lässt sich der Salat übrigens am besten mit Nachos …

„So habt Ihr grünen Salat bestimmt noch nie gegessen! Unser Green Goddess Salad zeigt, wie lecker und schnell gesund sein kann"

GREEN GODDESS SALAD MIT NACHOS

FÜR 2 PORTIONEN | 15 MINUTEN | VEGAN

EINKAUFSLISTE

¼ Kopf	Weißkohl
½	Salatgurke
½ Bd.	Frühlingszwiebeln
½ Bd.	Schnittlauch
1	Knoblauchzehe
½	Schalotte
½ Bd.	Basilikum
100 g	Spinat, frisch
25 ml	Limettensaft
50 ml	Olivenöl
1 EL	Reisessig
25 g	Haferflocken
50 g	Walnüsse
½ TL	Salz
100 g	Nachos (Tortilla-Chips)

Für den Salat zunächst Weißkohl, Gurke, Frühlingszwiebeln und Schnittlauch waschen, trocken schütteln, fein würfeln und in einer großen Schüssel vermengen.

Für das Dressing Knoblauch und Schalotte schälen. Basilikum und Spinat waschen und trocken schütteln. Mit den restlichen Zutaten im Mixer pürieren. Dressing über den Salat geben, gut durchmischen und mit den Tortilla-Chips servieren. Die sind nämlich ideal, um den Quick-and-fancy-Salat direkt aus der Schüssel zu löffeln …

UTENSILIEN

Messer | Küchenwaage | Schneidebrett
Standmixer | Schüssel, groß

MEIN TIPP

Toppt das Butter Board mit allem, was Euch schmeckt – Früchte, Gewürze, essbare Blüten … Seid kreativ!

„Butterbrot mal anders! Die Kombination aus Speck, Chili, Honig und Nüssen schmeckt super lecker zu Baguette oder frischem Bauernbrot“

BUTTER BOARD MIT PISTAZIEN UND SPECK

FÜR 2 PORTIONEN | 10 MINUTEN | MIT FLEISCH

EINKAUFSLISTE

85 g	Butter, zimmerwarm
½	Frühlingszwiebel
¼	Chilischote, rot
1	Stiel Petersilie
1 TL	Pistazienkerne, geschält
15 g	Speck
½ TL	Honig
	Salz und Pfeffer

Butter auf einem Brett verteilen. Frühlingszwiebel, Chili und Petersilie waschen und trocken tupfen. Die Zwiebel und die Chili in feine Ringe schneiden, die Petersilie fein hacken.

Speck in Streifen schneiden und knusprig braten. Frühlingszwiebel, Chili, Petersilie und Pistazien auf der Butter verteilen. Auf die Hälfte der Butter zusätzlich Speck und Honig geben.

Alles mit Salz und Pfeffer toppen und mit Brot servieren.

UTENSILIEN

Schneidebrett | Messer | Herd | Pfanne

MEIN TIPP

Quesadillas sind easy in der Zubereitung und können leicht abgewandelt werden. Wer keinen Gorgonzola mag, der nimmt beispielsweise einfach Feta oder Mozzarella.

„Quesadillas sind ideal zur kreativen Resteverwertung geeignet. Ich liebe sie mit Feigen und Käse – für einen Hauch von Frankreich“

QUESADILLAS MIT GORGONZOLA UND FEIGEN

FÜR 2 PERSONEN | 15 MINUTEN | VEGETARISCH

EINKAUFSLISTE

50 g	Walnusskerne
250 g	Blattspinat
3	Feigen
1	Zwiebel, rot
1 TL	Butter
	Salz und Pfeffer
	Muskat, gerieben
2 EL	Olivenöl
2	Tortillafladen
150 g	Gorgonzola, zerkrümelt

Walnusskerne grob klein hacken und einen Teil davon für die Garnitur zur Seite legen. Spinat waschen, trocken schütteln und ebenfalls etwa eine Handvoll zur Seite legen. Feigen waschen und trocken tupfen. Eine der Feigen achteln und zur Seite legen, die restlichen Feigen in Würfel schneiden. Zwiebel schälen, halbieren und in feine Streifen schneiden.

Butter in einer Pfanne zerlassen und Zwiebelstreifen darin 1–2 Minuten dünsten. Spinat, Feigenwürfel und Walnusskerne zu den Zwiebeln geben und etwa 3 Minuten mitdünsten. Mit Salz, Pfeffer und Muskat würzen. Nach dem Dünsten die Spinatmasse über einem Sieb abtropfen lassen.

Öl in einer weiteren Pfanne auf mittlerer Stufe erhitzen. Die beiden Fladen je zur Hälfte in die Pfanne legen, sodass eine Hälfte in der Pfanne liegt und die andere über den Pfannenrand ragt. Die Fladenhälfte in der Pfanne mit je einem Viertel des Gorgonzolas bestreuen. Spinatmasse gleichmäßig auf die Fladen verteilen und mit dem restlichen Gorgonzola bestreuen. Fladen zusammenklappen und die Quesadillas in der Pfanne wenden. Mit dem beiseite gelegten Spinat, den Feigen und den Walnusskernen für die Garnitur belegen und servieren.

UTENSILIEN

Küchenwaage | Messer | Schneidebrett
Pfannen | Herd | Sieb

„Die schnellste Hackfleischpfanne der Welt! Wenn man richtig Gas gibt, ist sie sogar schon in 8 Minuten fertig. Schnell, easy, kaum Abwasch – ein Essen für Champions"

SCHNELLE HACKFLEISCHPFANNE MIT CHAMPIGNONS

FÜR 2 PERSONEN | 10 MINUTEN | MIT FLEISCH

EINKAUFSLISTE

100 g	Champignons
½	Paprika, rot
½	Paprika, gelb
½	Stange Lauch
6	Stiele Thymian
1	Knoblauchzehe
4 EL	Rapsöl
300 g	Hackfleisch, gemischt
	Salz und Pfeffer
200 ml	Gemüsebrühe
125 g	Mini-Mozzarella

Champignons mit einem Küchenpapier putzen und vierteln. Paprika, Lauch und Thymian waschen. Paprika in 2 x 2 cm große Würfel, den Lauch in feine Streifen schneiden. Knoblauch schälen und in dünne Streifen schneiden.

Öl in einer Pfanne erhitzen, Hackfleisch und Thymian im Ganzen dazugeben und für etwa 4 Minuten krümelig braten. Gemüse zum Hackfleisch geben, kurz mitbraten und mit Salz und Pfeffer würzen. Mit Gemüsebrühe auffüllen und für etwa 3 Minuten bei mittlerer Hitze kochen.

In der Zwischenzeit Mini-Mozzarella-Kugeln abtropfen lassen. Thymian aus der Pfanne nehmen, Mozzarella auf der Hackpfanne verteilen und sofort servieren.

UTENSILIEN

Küchenpapier | Messer | Schneidebrett
Herd | Pfanne | Sieb

MEIN TIPP

Hackfleisch mit einem Schneebesen in der Pfanne rühren, so wird es krümeliger beim Anbraten. Das Gemüse könnt Ihr je nach Saison variieren.

DARF ICH DIR HELFEN?

MACH DIR DAS LEBEN LEICHTER! MIT MEINEN CLEVEREN KÜCHENTRICKS SPARST DU JEDE MENGE ZEIT, GELD UND NERVEN

Schon gewusst, wie man …

… angebrannte Töpfe sauber kriegt?
Backpulver kann viel mehr als Kuchen aufgehen lassen: Gebt ein Päckchen mit etwas Wasser in Euren Topf und lasst es 10 Minuten einwirken. Jetzt könnt Ihr den Topf ganz leicht mit einem Schwamm reinigen.

… Kräuter länger frisch hält?
Ganz einfach: Nehmt ein Abreißtuch, wickelt die Kräuter darin ein und befeuchtet das Ganze. So halten sie sich locker mehrere Tage frisch. Der Einfachheit halber könnt Ihr die Päckchen auch noch beschriften.

… ein DIY-Fondue-Set baut?
Kein Bock auf Spiritus oder Brennpaste? Dann baut Euch Euer Fondue-Set doch selbst! Mit einer Schüssel, Teelichtern und einem Sieb aus Metall geht das ganz easy – und funktioniert genau so gut wie das von Oma.

… Salat wieder knackig macht?
Ein guter Salat muss schön knackig sein. Wenn Eurer leicht welkt, ist das aber kein Grund, ihn in den Müll zu werfen. Gebt ihn stattdessen einfach für 15 Minuten in eine Schüssel voll Eiswasser. Guten Appetit!

... einen Kupfertopf reinigt?

Bei Salz und Zitrone denkt Ihr wahrscheinlich zuerst an Tequila. Aber wusstet Ihr, dass Ihr damit auch Euren Kupfertopf super sauber bekommt? Zitrone halbieren, Salz daraufstreuen, kurz schrubben – fertig!

... aus Käse essbare Schüsseln macht?

Eine Schüssel zum Mitessen – krass, oder? Dafür erhitzt Ihr 100 g Parmesan in einer beschichteten Pfanne, bis alles schön vor sich hin blubbert. Auf eine umgedrehte Glasschüssel geben und 5 Minuten abkühlen lassen.

... überreife Bananen verwertet?

Auch Bananen, die zu reif zum Roh-Snacken sind, kann man noch wunderbar weiterverwerten. Unser Tipp: Schneidet sie klein und friert sie ein. Wir mixen uns daraus zum Beispiel gern ein Bananeneis mit Datteln.

... Nudeln warm hält?

Die Nudeln sind fertig, aber die Sauce noch nicht? Kein Problem: Füllt einen Topf mit etwas Wasser und setzt das Sieb mit den Nudeln drauf. Öl dazu, Deckel drauf und auf dem Herd bei mittlerer Hitze warmhalten.

Hacks mit Hannes

Ob Ingwer schälen, Mixer reinigen oder Eier trennen: Auf unserem Youtube-Kanal findest Du noch viele weitere tolle Tipps und Tricks, die den Alltag leichter machen. Der QR-Code bringt Dich direkt zur Playlist

„So spannend kann Salat sein: Wir pimpen unseren Frisée und Radicchio mit cremiger Burrata und knackigem grünen Spargel. Mega!"

BUNTER SALAT MIT SPARGEL UND BURRATA

FÜR 2 PERSONEN | 30 MINUTEN | VEGETARISCH

EINKAUFSLISTE

50 g	Pinienkerne
250 g	Spargel, grün
120 ml	Olivenöl
	Salz und Pfeffer
½	Bio-Zitrone
100 g	Frisée-Salat
50 g	Radicchio
2	Stiele Petersilie
2	Stiele Minze
4 EL	Balsamico-Essig, hell
1 TL	Zucker
250 g	Burrata

Pinienkerne in einer Pfanne ohne Fett rösten und beiseitestellen.

Spargel waschen, trocken tupfen, holzige Enden (meist die unteren 2 Zentimeter) abschneiden und entsorgen. Den Rest schräg in Scheiben schneiden. Die Hälfte des Olivenöls in der Pfanne erhitzen und Spargel etwa 3 Minuten auf mittlerer Stufe braten. Mit Salz, Pfeffer und Zitronensaft abschmecken.

Salat waschen und trocken schütteln. Frisée grob zupfen. Radicchio halbieren, den Strunk entfernen und den Rest in daumendicke Streifen schneiden.

Für das Dressing Kräuter waschen, trocken schütteln, Blätter zupfen und fein hacken. Balsamico und Zucker mit etwas Salz und Pfeffer in einer Schüssel verrühren. Anschließend mit dem restlichen Olivenöl und den Kräutern vermengen.

Salat mit Spargel, Pinienkernen und Burrata anrichten. Mit dem Dressing beträufeln und sofort servieren.

UTENSILIEN

Herd | Pfannen | Brett | Messer
Saftpresse | Schüssel | Schneebesen

MEIN TIPP

Das Dressing könnt Ihr gut im Voraus zubereiten. Vor dem Anrichten noch mal gut umrühren, da sich das Öl sonst absetzt.

„Ein leichter Sommersalat mit Biss: Mandeln und Couscous machen aus ihm eine vollwertige Mahlzeit. Zurücklehnen und genießen!“

COUSCOUS-SALAT MIT MANDELN UND MÖHREN

FÜR 2 PERSONEN | 30 MINUTEN | VEGETARISCH

EINKAUFSLISTE

50 g	Mandeln, gehobelt
1	Bio-Orange
1	Bio-Zitrone
150 g	Couscous
1 TL	Ras el-Hanout
40 g	Rosinen
80 ml	Olivenöl
150 ml	Wasser
200 g	Fingermöhren
1 TL	Schwarzkümmel
	Salz und Pfeffer
8	Stiele Pfefferminze
200 g	griechischer Joghurt

Mandeln in einer Pfanne ohne Fett goldbraun rösten. Orange und Zitrone unter heißem Wasser waschen und abtrocknen. Schale der Zitrusfrüchte getrennt voneinander in Schüsseln reiben. Früchte halbieren, Saft auspressen und in die entsprechende Schüssel geben. Die Hälfte der Mandeln, Couscous, Ras el-Hanout, Rosinen und die Hälfte des Olivenöls in die Schüssel mit dem Orangensaft und -abrieb geben und mit kochendem Wasser übergießen. Couscous gut verrühren, Schüssel abdecken und 10 Minuten ziehen lassen.

In der Zwischenzeit Möhren schälen und mit restlichem Olivenöl in einer Pfanne 10 Minuten bei mittlerer Hitze braten. Schwarzkümmel dazugeben, mit Salz und Pfeffer abschmecken und 1 weitere Minute braten. Pfefferminze waschen, trocken schütteln, die Blätter zupfen und klein schneiden.

Die Hälfte der Minze unter den Couscous mischen und mit Salz und Pfeffer abschmecken. Zitronenabrieb und -saft mit dem Joghurt vermengen. Couscous mit Möhren, Joghurt, restlichen Mandeln und Minze servieren.

UTENSILIEN

Sparschäler | Pfanne | Herd
Geschirrtuch | Reibe | Schüsseln
Messer | Schneidebrett | Deckel

MEIN TIPP

Für eine glutenfreie Variante könnt Ihr Couscous einfach durch Hirse ersetzen.

„Wie vom Asiaten, nur besser…
Ein Gericht, dass Euch auch an grauen Tagen
ein Lächeln ins Gesicht zaubert!“

PAPAYA-SALAT MIT GARNELEN

FÜR 2 PERSONEN | 30 MINUTEN | MIT FISCH

EINKAUFSLISTE

8	TK-Garnelen
1	Papaya
2	Möhren
100 g	Zuckerschoten
1	Chilischote, rot
1	Knoblauchzehe
2 EL	Pflanzenöl, zum Braten
4	Stiele Petersilie
1	Limette
2 EL	Erdnüsse, geröstet und gesalzen
	Salz

Garnelen in kaltem Wasser auftauen lassen, je nach Größe dauert das etwa 10 Minuten. Gut abspülen, abtupfen und auf 2 Spieße stecken.

Die Papaya schälen und das Fruchtfleisch in mundgerechte Würfel schneiden. Möhren schälen, mit dem Sparschäler in dünne Scheiben schneiden, Zuckerschoten waschen und längs halbieren. Chili waschen, trocken tupfen und in feine Streifen schneiden. Knoblauch schälen und in dünne Scheiben schneiden. Petersilie waschen, trocken schütteln und grob hacken.

Öl in einer Pfanne erhitzen und die Garnelenspieße von jeder Seite etwa 4 Minuten braten, anschließend mit Salz würzen.

Die Garnelenspieße aus der Pfanne nehmen. Knoblauch, Möhren und Zuckerschoten für eine 1 Minute in dem bereits genutzten Öl braten, herausnehmen und zur Papaya geben. Mit Limettensaft, Chili und Salz würzen.

Erdnüsse und Petersilie unter den Salat heben, den Garnelenspieß obenauf legen und servieren.

UTENSILIEN

Schüssel | Spieß | Sparschäler | Messer
Schneidebrett | Pfanne | Saftpresse
Herd

MEIN TIPP

Anstelle von Garnelen könnt Ihr auch Hühnchenspieße zum Salat servieren. Variieren könnt Ihr den Salat nach Lust und Laune – zum Beispiel mit Sojasauce, Fischsauce oder Sesamöl.

„Schnelle und einfache italienische Küche: Auberginensalat mit Pinienkernen und Oliven. Schmeckt nach Sommer und Urlaub!“

ITALIENISCHER AUBERGINENSALAT

FÜR 2 PERSONEN | 30 MINUTEN | VEGETARISCH

EINKAUFSLISTE

2	Auberginen
2	Stangen Staudensellerie
	Salz und Pfeffer
1	Frühlingszwiebel, rot
4 EL	Pinienkerne
1	Chilischote, rot
40 g	Oliven, schwarz, ohne Stein
4 EL	Olivenöl
1 EL	Tomatenmark
4 EL	Weißweinessig
2 EL	Kapern
½ Bd.	Basilikum
40 g	Grana Padano

Die Auberginen schälen, in mundgerechte Würfel schneiden und für 5 Minuten in etwa 1,5 Liter Salzwasser kochen.

In der Zwischenzeit den Staudensellerie waschen und in Scheiben schneiden. Die Frühlingszwiebel waschen, putzen und in Ringe schneiden. Auberginen in ein Sieb schütten und gut abtropfen lassen.

Pinienkerne in einer Pfanne ohne Fett bei mittlerer Hitze für 2 bis 3 Minuten goldgelb rösten. Auf ein Küchenpapier geben.

Chilischote waschen, halbieren, entkernen und in feine Streifen schneiden, die Oliven halbieren.

Olivenöl in einer Pfanne erhitzen. Staudensellerie, Frühlingszwiebel und Chili dazugeben und bei mittlerer Hitze etwa 5 Minuten braten, dabei gelegentlich rühren. Tomatenmark hinzufügen und 1 weitere Minute braten.

Pfanne vom Herd nehmen. Weißweinessig, Kapern, Oliven und Pinienkerne dazugeben und vermengen. Basilikum waschen, trocken schütteln und grob zupfen. Grana Padano reiben oder mit einem Sparschäler hobeln. Käse und Basilikum in einer Schüssel miteinander vermengen. Auberginen zum restlichen Gemüse geben, mit Salz und Pfeffer kräftig abschmecken und den Salat mit Basilikum und Grana Padano servieren.

UTENSILIEN

Messer | Schneidebrett | Sparschäler
Topf | Sieb | Pfanne | Küchenpapier
Schüssel

MEIN TIPP
Grana Padano immer am Stück kaufen und frisch reiben oder hobeln – schmeckt viel besser!

„Zu viele Tortellini gekocht? Kein Problem: Als Salat mit leckerem Pesto schmecken sie am nächsten Tag fast noch besser!"

TORTELLINISALAT MIT PESTO-DRESSING

FÜR 2 PERSONEN | 25 MINUTEN | VEGETARISCH

EINKAUFSLISTE

250 g	Spinat-Ricotta-Tortellini
50 g	Pinienkerne
120 g	Kirschtomaten
4	Tomaten, getrocknet, in Öl
100 g	Rucola
30 g	Oliven, schwarz, ohne Stein
1 Bd.	Basilikum
½	Knoblauchzehe
80 ml	Olivenöl
80 g	Parmesan, gehobelt
	Salz und Pfeffer

Tortellini nach Packungsanweisung in siedendem Salzwasser zubereiten. 20 g der Pinienkerne in einer Pfanne anrösten. Kirschtomaten waschen, abtrocknen und halbieren. Getrocknete Tomaten in Streifen schneiden. Rucola waschen und trocken schütteln. Oliven abtropfen lassen.

Für das Pesto-Dressing Basilikumblätter waschen, trocken schütteln und vom Stiel abzupfen. Knoblauch schälen und klein schneiden. Basilikum, die Hälfte des Rucola, die ungerösteten Pinienkerne, Knoblauch und Öl in einen Standmixer geben und pürieren. Pesto mit Salz und Pfeffer abschmecken.

Tortellini, geröstete Pinienkerne, Kirschtomaten, getrocknete Tomaten, den restlichen Rucola, Parmesan und Oliven in eine Schüssel geben und kurz vor dem Servieren mit dem Dressing vermengen. Mit Salz und Pfeffer abschmecken.

UTENSILIEN

Topf | Herd | Pfanne | Messer | Brett
Standmixer | Schüssel

MEIN TIPP

Der Salat eignet sich ideal für sonnige Grillabende und Sommerbuffets.

MEIN TIPP

Für die vegane Variante einfach Butter, Schinken und Eier weglassen.

„Bei Sandwiches gilt die Faustregel: je mehr Toppings, desto besser. Also – stapelt, was das Zeug hält! Ihr werdet es nicht bereuen …“

STRAMMER HANNES DELUXE MIT SPARGEL UND SCHINKEN

FÜR 2 PERSONEN | 30 MINUTEN | MIT FLEISCH

EINKAUFSLISTE

4	Stangen Spargel, grün
4	Radieschen
4	Blätter Kopfsalat
½	Ochsenherztomate
40 g	Butter
	Salz und Pfeffer
2	Brotscheiben
2 EL	Senf, süß
4	Eier, Größe M
2	Essiggurken
120 g	Krustenschinken
50 g	Gartenkresse

Spargel, Radieschen, Kopfsalat und Tomate waschen und trocken tupfen. Holzige Spargelenden abschneiden, Radieschen vierteln, Ochsenherztomate in Scheiben schneiden.

Die Hälfte der Butter in einer Pfanne zerlassen, Spargel dazugeben, salzen und etwa 10 Minuten bei mittlerer Hitze braten.

In der Zwischenzeit die Brotscheiben mit der restlichen Butter und dem Senf bestreichen.

Spargel aus der Pfanne nehmen und Eier in die heiße Pfanne schlagen. Eier so lange braten, bis das Eiweiß in der Pfanne gestockt ist. Eier dann mit Salz und Pfeffer würzen.

Essiggurken abtropfen lassen und in Streifen schneiden. Brotscheiben mit Kopfsalat, Schinken, Spargel, Essiggurke, Tomate, Radieschen und Spiegelei belegen, mit Kresse dekorieren und servieren.

UTENSILIEN

Küchenwaage | Messer | Schneidebrett
Pfanne | Herd

MEIN TIPP

Die Blätterteigschnecken könnt Ihr warm und kalt genießen – z. B. beim Picknick oder als Fingerfood für die nächste Party.

„Der säuerliche Dip ist die ideale Ergänzung zu den gehaltvollen Blätterteigschnecken. Ein super saftiger und sauleckerer Snack!"

BLÄTTERTEIGSCHNECKEN MIT LIMETTEN-DIP

FÜR 2 PERSONEN | 30 MINUTEN | MIT FLEISCH

EINKAUFSLISTE

- 1 Zucchini
- Weizenmehl für die Arbeitsfläche
- 1 Butter-Blätterteig, aus dem Kühlregal
- 4 EL Honigsenf
- 8 Scheiben Kochschinken
- 100 g Gouda, gerieben
- 1 Limette
- 2 Stiele Majoran
- 100 g Joghurt (10 % Fett)
- Salz und Pfeffer

Backofen auf 220 Grad vorheizen. Zucchini waschen und mit einem Sparschäler in dünne Scheiben schneiden.

Arbeitsfläche mit Mehl bestäuben, das Backpapier vom Blätterteig fummeln und den Teig auf das Mehl legen. Jetzt das Backpapier in 12 gleich große Rechtecke schneiden und die Muffinform damit auskleiden.

Den Blätterteig mit dem Honigsenf bestreifen, mit Kochschinken und Zucchinistreifen belegen und mit Käse bestreuen. In Streifen schneiden, zusammenrollen und eine Blätterteigschnecke in jede Mulde der Muffinform geben. Auf mittlerer Schiene für etwa 15 Minuten backen.

In der Zwischenzeit Joghurt in eine Schüssel geben. Limette und Majoran waschen, Limette halbieren und den Saft zum Joghurt pressen. Majoran zupfen, ebenfalls zum Joghurt geben und mit Salz und Pfeffer abschmecken. Die Blätterteigschnecken mit Limetten-Dip servieren.

UTENSILIEN

Backofen | Sparschäler | Pinsel
Muffinblech | Pizzaschneider | Schüssel
Saftpresse | Schneidebrett | Messer

„Ideal für die Campingküche: Für diese leckeren Frikadellen braucht Ihr keine Kühlung, nur Wasser. Dazu der Mango-Slaw – Hammer!“

VEGANE FRIKADELLEN UND MANGO-SLAW ALS BANH MI

FÜR 2 PERSONEN | 25 MINUTEN | VEGAN

EINKAUFSLISTE

100 g	Frikadellen-Mix (vegan)
1	kleine Mango
4	Blätter Eisbergsalat
1	Frühlingszwiebel
4	Stiele Koriander
½	Chilischote
½	Limette
1 EL	Pflanzenöl
2–3	Baguettebrötchen
2 EL	Frischkäse
1 EL	Chilisauce

Frikadellen-Mix nach Packungsanweisung zubereiten und etwa 5 Minuten quellen lassen. Derweil die Mango schälen und mit dem Sparschäler dünne Streifen herunterschneiden. Eisbergsalat, Frühlingszwiebel, Koriander und Chilischote waschen.

Frühlingszwiebel in feine Ringe schneiden und zur Seite stellen. Koriander und Chilischote grob hacken, den Saft einer halben Limette zur Mango pressen. Koriander und Chili ebenfalls dazugeben und gut vermengen.

Frikadellen-Mix in 6 bis 8 Stücke teilen und zu kleinen Frikadellen formen. Öl in einer Pfanne erhitzen, Frikadellen von jeder Seite für etwa 4 Minuten braten, dabei gelegentlich wenden.

In der Zwischenzeit Eisbergsalat trocken tupfen und grob zupfen. Backofen auf 200 Grad vorheizen, gern mit der Grill-Funktion, ansonsten einfach Oberhitze. Baguettes mittig aufschneiden und für 2 Minuten im Ofen aufknuspern.

Baguettebrötchen mit je einem Löffel Frischkäse bestreichen und mit Eisbergsalat, Mango-Slaw und Frikadellen belegen. Mit Chilisauce und Frühlingszwiebeln garnieren.

UTENSILIEN

Schüssel | Schneebesen | Sparschäler
Schneidebrett | Messer | Saftpresse
Pfanne | Backofen

MEIN TIPP

Die Banh Mi sind auch ein ideales Partygericht: Dafür die Frikadellen vorbraten, zu Beginn der Party mit den Sandwiches im Ofen aufbacken und die Gäste selbst belegen lassen.

MEIN TIPP

Die Mayonnaise könnt Ihr easy vegan machen, wenn Ihr pflanzliche Milch verwendet. Sie kann 10 Tage im Kühlschrank aufbewahrt werden.

VEGETARISCHER GEMÜSEDÖNER

FÜR 2 PERSONEN | 30 MINUTEN | VEGETARISCH

„Die kleine Berliner Dönerbude Mustafa's Gemüse-Kebap ist vor ein paar Jahren zur besten der Welt gewählt worden. Ziemlich sensationell – denn der Grund dafür ist das Grillgemüse. Mich hat das zu diesem herbstlichen Döner mit viel Gemüse, cremiger Nuss-Mayo und crunchy Rotkohl-Slaw inspiriert. Geht auch easy in vegan"

EINKAUFSLISTE

200 g	Hokkaido-Kürbis
40 g	Grünkohl, jung
1	Bio-Kartoffel
1	Zwiebel, weiß
20 g	Ingwer
4 EL	Rapsöl
1 TL	Cumin
	Salz
1 Prise	Chiliflocken, grob
40 ml	Milch
100 ml	Walnussöl
2 EL	Balsamico-Essig, hell
80 g	Rotkohl
1	Apfel
1	Bio-Zitrone
4	Stiele Petersilie, kraus
40 g	Walnüsse
2	Fladenbrote, klein

Hokkaido, Grünkohl und Kartoffel waschen und in etwa 4 cm breite Streifen schneiden. Zwiebel und Ingwer schälen. Zwiebel achteln und Ingwer in feine Scheiben schneiden. Öl in einer Pfanne erhitzen, Gemüse bis auf den Grünkohl dazugeben und etwa 10 Minuten bei mittlerer Hitze braten. Dabei ab und zu wenden und mit Cumin, Salz und Chili würzen. Grünkohl dazugeben und weitere 2 Minuten braten.

In der Zwischenzeit für die Mayonnaise Milch in ein hohes Gefäß geben und mit dem Stabmixer mixen. Nach und nach das Walnussöl dazugeben und solange mixen, bis eine cremige Konsistenz entsteht. Essig hinzufügen und mit Salz abschmecken.

Für den Slaw Rotkohl und Apfel waschen und mit dem Messer in feine Streifen schneiden. Zitrone heiß abwaschen, abtrocknen, Schale reiben und die Filets herausschneiden. Zitronenfilets und -schale zum Salat geben. Petersilie waschen, trocken schütteln und vom Stiel zupfen. Petersilie und Walnüsse grob hacken, zum Rotkohl geben und alles gut vermengen.

Fladenbrot im Ofen bei 180 Grad 3 Minuten erwärmen. Mit Walnussmayonnaise bestreichen und mit Gemüse und Rotkohl-Slaw füllen.

UTENSILIEN

Messer | Gefäß hoch | Geschirrtuch
Backofen | Schneidebrett | Stabmixer
Schüssel | Backblech | Pfanne

„Warum nicht mal statt Würstchen Möhrchen im Hotdog probieren? Wir finden: Gebraten sind die genauso lecker wie der Klassiker!"

NEW YORKS MÖHREN-HOTDOGS

FÜR 2 PERSONEN | 25 MINUTEN | VEGAN

EINKAUFSLISTE

4	Bio-Möhren, mit Grün
	Salz und Pfeffer
½ TL	Kardamom
4	Stiele Dill
2 EL	Senf, mittelscharf
1 EL	Ahornsirup
1	Frühlingszwiebel
1 EL	Tomatenmark
2	Schalotten
100 g	Sauerkraut, Glas
4 EL	Rapsöl
4	Hotdog-Brötchen

Das Grün der Möhren abschneiden. Möhren mit einer Bürste unter fließendem Wasser abwaschen und ca. 10 Minuten in Salzwasser mit Kardamom kochen.

In der Zwischenzeit für die erste Sauce Dill waschen, trocken tupfen und grob hacken. Stiele in feine Ringe schneiden und zur Seite stellen. 1 EL Senf mit Ahornsirup und gehacktem Dill in einer Schüssel vermengen.

Für die zweite Sauce Frühlingszwiebel waschen, in feine Ringe schneiden und mit restlichem Senf und Tomatenmark in einer Schüssel verrühren. Schalotten schälen und in grobe Scheiben schneiden.

Möhren mit einer Schaumkelle aus dem Wasser nehmen und zur Seite stellen. Sauerkraut in einem Topf erhitzen, mit Salz und Pfeffer würzen und die klein geschnittenen Dillstiele unterheben.

Öl in einer Pfanne erhitzen, Möhren und Schalotten dazugeben und für etwa 5 Minuten scharf braten. Hotdog-Brötchen aufschneiden, aufgeklappt auf das Grillgemüse legen und kurz warm werden lassen.

Die Hotdogs erst mit beiden Saucen, dann mit Sauerkraut, Möhren und Schalotten fertig machen.

UTENSILIEN

Messer | Schneidebrett | Bürste | Töpfe
Schüsseln | Schaumkelle | Pfanne

MEIN TIPP

Das Grün der Möhren könnt Ihr zu einem feinen Pesto verarbeiten – das spart Müll und schont den Geldbeutel

CROQUE MONSIEUR MIT KÄSESAUCE

FÜR 2 PERSONEN | 30 MINUTEN | MIT FLEISCH

„Während meiner Ausbildung in der Eifel durfte ich neben Toast Chasseur auch ab und zu Croque Monsieur zubereiten. Dabei kam immer die Frage auf: Toast oder Brioche? Obwohl ich Toast gerne mag, gibt's für mich darauf nur eine Antwort. Zu Schinken und Käsesauce ist eine buttrige Brioche einfach die perfekte Ergänzung"

EINKAUFSLISTE

20 g	Butter
½ EL	Weizenmehl, Type 405
100 ml	Milch
30 g	Cheddar, gerieben
1 Prise	Salz
1 Prise	Chiliflocken
4	Scheiben Brioche
4	Scheiben Wacholderschinken
4	Scheiben Gruyère

Für die Sauce Mornay die Hälfte der Butter in einem Topf schmelzen. Mehl dazugeben, mit einem Schneebesen verrühren und 1 Minute lang unter Rühren erhitzen. Milch dazugeben und solange rühren, bis sich alle Klümpchen gelöst haben.

Anschließend 2 Minuten lang bei mittlerer Hitze köcheln lassen, dann vom Herd nehmen. Die Hälfte des Cheddars zur Sauce geben, unterrühren und mit Salz und Chili abschmecken.

Backofengrill auf 200 Grad vorheizen. Die restliche Butter in der Pfanne schmelzen, die Briochescheiben von beiden Seiten 2 Minuten lang anbraten und mit der Sauce Mornay bestreichen.

Anschließend mit 2 Scheiben Schinken und 2 Scheiben Gruyère belegen und mit einer weiteren Briochescheibe abdecken. Croque mit dem Rest der Sauce Mornay und Cheddar bestreuen und im Ofen 3 Minuten gratinieren.

UTENSILIEN

Backofen, mit Grillfunktion | Herd
Kochlöffel | Backblech | Topf | Pfanne
Schneebesen | Pfannenwender
Messer

MEIN TIPP

Anstelle von französischem Gruyère könnt Ihr natürlich auch andere leckere Käsesorten wie Emmentaler oder Gouda verwenden.

„Mit der Cashewsauce werden die Zucchininudeln super cremig, die Minze sorgt für den Frischekick – für mich ein echtes Wohlfühlgericht!“

ZOODLES MIT VEGANER CASHEWSAUCE

FÜR 2 PERSONEN | 20 MINUTEN | VEGAN

EINKAUFSLISTE

1	Knoblauchzehe
1	Zwiebel, weiß
4 EL	Olivenöl
100 g	Cashewkerne
150 g	Erbsen, TK
300 ml	Gemüsebrühe
	Salz und Pfeffer
2	Zucchini
4	Stiele Minze

Knoblauch und Zwiebel schälen und klein würfeln. Die Hälfte des Olivenöls in einem Topf erhitzen, Knoblauch, Zwiebel, zwei Drittel von den Cashewkernen und von den Erbsen dazugeben und etwa 2 Minuten anschwitzen, also bei moderater Hitze so braten, dass nichts braun wird. Mit Gemüsebrühe aufgießen und für etwa 15 Minuten kochen.

In der Zwischenzeit die restlichen Cashewkerne in einer Pfanne ohne Öl für 2–3 Minuten rösten, dann die restlichen Erbsen dazugeben, mit Salz und Pfeffer abschmecken und beiseitestellen.

Zucchini waschen, die Enden abschneiden und in Spiralform drehen. Restliches Olivenöl in einer Pfanne erhitzen, Zucchinistreifen dazugeben, für etwa 5 Minuten braten und gelegentlich wenden. Minze waschen, trocken tupfen, zupfen und in feine Streifen schneiden.

Cashew-Erbsen-Sauce mit einem Stabmixer fein pürieren und alles noch mal mit Salz und Pfeffer abschmecken. Evtl. etwas Wasser hinzugeben, falls die Sauce zu dick sein sollte. Mit den Zucchinistreifen, gerösteten Cashewkernen, Erbsen und Minze servieren.

UTENSILIEN

2 Pfannen | Stabmixer | Schneidebrett
Spiralschneider | Herd | Topf | Messer

MEIN TIPP

Statt eines Spiralschneiders könnt Ihr auch einen Sparschäler nehmen – das gibt Zucchini-Bandnudeln …

MEIN TIPP

Statt der Buchenpilze könnt Ihr natürlich auch einfach Champignons, Austernpilze oder Shiitake verwenden.

„Ein Gericht für Miso-Fans: Die Paste darf hier nicht nur verfeinern, sondern ganz im Mittelpunkt stehen. Thailand-Feeling pur!"

THAI-NUDELN MIT MISO-PASTE

FÜR 2 PERSONEN | 20 MINUTEN | VEGAN

EINKAUFSLISTE

300 g	Udon-Nudeln
400 ml	Gemüsebrühe
1 ½ EL	Miso-Paste
1 EL	Sojasauce
2	Pak Choi
4	Stiele Koriander
½	Chilischote
100 g	Buchenpilze, weiß
2 EL	Sesamöl
1 EL	Sesam, schwarz

Nudeln nach Packungsanweisung zubereiten. Gemüsebrühe, Miso-Paste und Sojasauce in einen Topf geben, aufkochen lassen und bei niedriger Hitze für etwa 10 Minuten köcheln lassen.

In der Zwischenzeit Pak Choi, Koriander und Chilischote waschen und trocken schütteln. Pilze putzen. Pak Choi vierteln, Pilze klein schneiden und Koriander hacken. Chili in feine Ringe schneiden. Sesamöl in einer Pfanne erhitzen, Pak Choi hinzugeben und etwa 4 Minuten lang braten. Pilze und Chili dazu geben und weitere 2 Minuten braten.

Nudeln und Gemüse in eine Schüssel geben, mit heißer Brühe übergießen und mit Koriander und Sesam garniert servieren.

UTENSILIEN

Herd | Pilzbürste | Schüssel | Topf
Schneidebrett | Messer | Pfanne
Pfannenwender

„Teriyaki-Sauce ist eine tolle Basis, um auch als Anfänger asiatische Aromen authentisch hinzukriegen. Traut Euch mal ran!"

VEGANE GLASNUDELN MIT GEMÜSE

FÜR 2 PERSONEN | 25 MINUTEN | VEGAN

EINKAUFSLISTE

250 g	Glasnudeln
2	Bio-Möhren
20 g	Ingwer
2	Frühlingszwiebeln
½	Chilischote
2 EL	Rapsöl
50 ml	Teriyaki-Sauce
25 ml	Sojasauce
2 EL	Agavendicksaft
2 EL	Sesamöl
4	Stiele Koriander
1 EL	Sesam, weiß

Glasnudeln nach Packungsanweisung zubereiten. Möhren und Ingwer schälen, Möhren in Halbmonde und Ingwer in feine Streifen schneiden. Frühlingszwiebeln waschen und in feine Ringe schneiden, Chilischote waschen, entkernen und ebenfalls in feine Streifen schneiden.

Rapsöl in einer Pfanne erhitzen, Möhren dazugeben, für etwa 2 Minuten braten und dabei wenden. Teriyaki-Sauce, Sojasauce und Agavendicksaft dazugeben und einmal aufkochen. Wenn Ihr jetzt keinen Agavendicksaft habt – das Rezept funktioniert auch mit 2 Löffeln Zucker oder Honig.

Zum Schluss die gekochten Glasnudeln, Ingwer, Frühlingszwiebeln und Chili zusammen mit dem Sesamöl unterheben.

Zum Anrichten den Koriander waschen, trocken schütteln, abzupfen sowie in Streifen schneiden und die Glasnudeln mit Koriander und Sesam servieren.

UTENSILIEN

Schüssel | Herd | Messer | Pfanne
Schneidebrett | Sparschäler

MEIN TIPP

Schmeckt auch sehr lecker mit Mie-Nudeln!

MEIN TIPP

Wer gerne Fleisch isst: Hähnchenbrust passt ideal zu den gebratenen Nudeln.

„Resteverwertung made easy! Der Gemüseanteil muss hier nicht genau stimmen: Gebt einfach dazu, was Ihr gerade übrig habt"

TERIYAKI-NUDELN MIT SPARGEL UND CHILI

FÜR 2 PERSONEN | 30 MINUTEN | VEGAN

EINKAUFSLISTE

250 g	Tagliatelle
	Salz
200 g	Spargel, grün
4	Frühlingszwiebeln
½	Chilischote
2	Stiele Petersilie
1	Zwiebel, rot
2	Knoblauchzehen
150 g	Möhren
6 EL	Rapsöl
½ TL	Kartoffelstärke
4 EL	Sojasauce
1 EL	Sesamöl
2 EL	Teriyaki-Sauce
1 EL	Honig

UTENSILIEN

Küchenwaage | Topf | Herd | Messer Schneidebrett | Sparschäler | Pfanne Schüssel | Schneebesen | Sieb

Nudeln nach Packungsanweisung in kochendem Salzwasser zubereiten, beim Abgießen etwas Nudelwasser aufbewahren.

In der Zwischenzeit Spargel, Frühlingszwiebeln, Chilischote und Petersilie waschen und trocken tupfen. Holzigen Strunk vom Spargel abtrennen und den Spargel in mundgerechte Stücke schneiden.

Frühlingszwiebeln putzen und in feine Ringe schneiden. Zwiebel und Knoblauch schälen. Zwiebel halbieren und in Spalten schneiden. Knoblauch in feine Scheiben schneiden. Möhren mit dem Sparschäler schälen, in längliche Scheiben und dann in Stifte schneiden. Chili in Ringe schneiden. Petersilienblätter vom Stiel zupfen und fein hacken.

Öl in einer Pfanne erhitzen. Spargel, Frühlingszwiebeln, Zwiebeln, Knoblauch, Möhren und Chili für etwa 5 Minuten scharf anbraten. Mit Salz würzen und das Gemüse wenden.

Für die Sauce Stärke mit 4 EL Nudelkochwasser in einer Schüssel glatt rühren. Sojasauce, Sesamöl, Teriyaki-Sauce und Honig zugeben und gut verrühren. Nudeln über einem Sieb abtropfen lassen und mit der Sauce zum Gemüse geben, aufkochen und ca. 1 Minute kochen lassen. Petersilie unterheben und mit Salz abschmecken.

Gebratene Nudeln auf Tellern verteilen und servieren.

„EINFACHES, GUT GEMACHT: DARAUF SOLLTEN WIR VIEL MEHR WERT LEGEN“

MEIN TIPP

Wer keinen frischen Babyspinat bekommt, kann auch TK-Spinat nehmen. Dieser sollte allerdings aufgetaut und gut ausgepresst sein. Richtig lecker schmeckt das Gericht auch mit Gnocchi!

„Wie cremig kann ein Pastagericht sein?! Diese Linguine sind dank jeder Menge Ricotta definitiv ganz vorne mit dabei!“

LINGUINE MIT RICOTTA UND SPINAT

FÜR 2 PERSONEN | 20 MINUTEN | VEGETARISCH

EINKAUFSLISTE

250 g	Linguine
1	Zwiebel
2 EL	Olivenöl
200 g	Babyspinat
10	Kirschtomaten, rot
10	Kirschtomaten, gelb
1	Bio-Zitrone
200 g	Ricotta
	Salz und Pfeffer

Nudeln in etwa 2,5 Liter gut gesalzenem Kochwasser al dente garen.

Zwiebel schälen und fein würfeln. Olivenöl in einer Pfanne erhitzen und die Zwiebelwürfel glasig anschwitzen. Spinat waschen und trocken schütteln. Tomaten waschen, trocken tupfen und halbieren. Spinat und Tomaten in die Pfanne geben und kurz durchschwenken.

Zitrone heiß waschen, trockenreiben, Schale abreiben und Saft auspressen. Ricotta mit Zitronenabrieb und -saft vermengen und mit Salz und Pfeffer abschmecken.

Die Nudeln mit der Ricotta-Creme und der Tomaten-Spinat-Mischung vermengen und servieren.

UTENSILIEN

Topf | Herd | Sieb | Messer | Reibe
Schneidebrett | Pfanne | Schüssel
Zitronenpresse

„Für diesen Klassiker braucht es gute Zutaten und etwas Zeit – denn wer zu hastig vorgeht, hat schnell Rührei auf dem Teller"

SPAGHETTI CARBONARA

FÜR 2 PERSONEN | 30 MINUTEN | MIT FLEISCH

EINKAUFSLISTE

250 g	Spaghetti
200 g	Guanciale (gepökelte Schweinebacke)
6	Eigelb, Größe M
50 g	Pecorino
	Salz und Pfeffer

Nudeln nach Packungsanweisung in kochendem Salzwasser al dente kochen.

Die Haut vom Guanciale bzw die Schwarte vom Bauchspeck abschneiden und anschließend in dicke Streifen schneiden. Guanciale ohne weiteres Fett in einer Pfanne anbraten, dann den Herd ausschalten.

Jetzt kommt das Wichtigste, um eine echte Carbonara zu machen und nicht etwa eine Sahnesauce mit Speck: Eigelb mit Pecorino in einer Schüssel vermengen, mit ein paar Löffeln vom Nudelwasser vorsichtig angleichen, glatt rühren und mit Pfeffer würzen.

Die Nudeln mit dem Guanciale in der Pfanne vermengen, dann die Ei-Mischung in die Nudeln einrühren und für die Cremigkeit nach Bedarf weiteres Nudelwasser zugeben. Je nach Geschmack noch mit etwas Salz abschmecken und mit dem restlichem Pecorino garnieren.

UTENSILIEN

Topf | Herd | Messer | Brett | Pfanne
Schüssel

MEIN TIPP

Wenn Ihr keinen Guanciale bekommt, eignen sich auch Pancetta oder Bauchspeck.

MEIN TIPP

Vor dem Servieren könnt Ihr noch etwas Pecorino oder Parmesan über die Pasta reiben – zwar nicht klassisch, aber trotzdem lecker!

SPAGHETTI ALLA PUTTANESCA

FÜR 2 PERSONEN | 25 MINUTEN | MIT FISCH

„Meine Freundin liebt dieses Gericht! Wenn ich es für sie koche, lasse ich die Sardellen weg – Ihr könnt das natürlich halten, wie Ihr wollt. Eine Zutat solltet Ihr aber auf keinen Fall weglassen: Kapern! Davon können hier nie zu viele dran sein“

EINKAUFSLISTE

3	Knoblauchzehen
3 EL	Olivenöl
1	Chilischote, getrocknet
3	Sardellenfilets
2 TL	Kapern
400 g	Tomaten, geschält
250 g	Spaghetti
100 g	schwarze Oliven
3	Stiele Petersilie
	Salz und Pfeffer

Knoblauchzehen schälen und mit dem Messerrücken leicht andrücken. Olivenöl in einer Pfanne erhitzen und die Knoblauchzehen im Ganzen darin anschwitzen. Chilischote in feine Streifen schneiden und mit in die heiße Pfanne geben.

Sardellenfilets und Kapern ebenfalls mit anbraten, bis sich die Sardellenfilets im Olivenöl aufgelöst haben. Die Strünke der geschälten Tomaten entfernen. Tomaten in die Pfanne geben und die Sauce bei mittlerer Hitze einköcheln lassen.

In der Zwischenzeit die Spaghetti nach Packungsanweisung al dente garen.

Oliven entsteinen, grob hacken und zur Sauce geben. Knoblauchzehen aus der Sauce entfernen. Spaghetti direkt aus dem Topf in die Pfanne geben und in der Tomatensauce fertig garen.

Petersilie waschen, trocken schütteln, Blätter abzupfen und grob hacken. In die Pfanne geben und alles gut miteinander vermengen. „Mantecare“ nennen das die Italiener und meinen damit die Vermählung von Sauce und Nudeln, die eben nie auf dem Teller, sondern stets in der Pfanne stattfindet.

UTENSILIEN

Messer | Schneidebrett | Pfanne
Herd | Topf | Kelle

MEIN TIPP

Das Zitronenöl hält sich super. Ihr könnt also direkt größere Mengen machen und es in Flaschen luftdicht und dunkel lagern!

„Eines meiner liebsten Sommergerichte! Ganz wichtig: Verwendet unbedingt Bio-Zitronen – die haben viel mehr Geschmack in der Schale"

SPAGHETTI MIT ZITRONE UND BASILIKUM

FÜR 2 PERSONEN | 20 MINUTEN | VEGETARISCH

EINKAUFSLISTE

250 g	Spaghetti
2	Bio-Zitronen
4 EL	Olivenöl
1	Peperoni, rot
3	Stiele Basilikum
100 g	Kalamata-Oliven
	Salz und Pfeffer
30 g	Parmesan

Spaghetti nach Packungsanweisung in kochendem Salzwasser garen.

Zitronen heiß waschen, trocken tupfen und die gelbe Schale abschneiden – aber ohne das Albedo mit abzuschneiden, diese schwammige Schicht zwischen Schale und Fruchtfleisch. Am besten verwendet Ihr hierfür einen Sparschäler. Nach dem Schälen den Saft der Zitronen auspressen. Zitronenabrieb und Olivenöl in eine Pfanne geben und bei schwacher Hitze für 10 Minuten ziehen lassen, um das Öl so zu aromatisieren.

In der Zwischenzeit Peperoni waschen, trocken tupfen und in feine Ringe schneiden. Basilikum waschen, trocken schütteln und die Blätter abzupfen.

Peperoni und Oliven in die Pfanne geben und mit Salz und Pfeffer würzen. Nudeln abgießen und ebenfalls in die Pfanne geben. Basilikum unterrühren und Zitronensaft nach Geschmack dazugeben, Pasta durchschwenken.

Vor dem Servieren Parmesan über die Pasta reiben.

UTENSILIEN

Topf | Herd | Sparschäler | Messer
Zitronenpresse | Pfanne | Reibe | Brett

MEIN TIPP

Wenn die Sauce noch zu flüssig ist, einfach die Hitze erhöhen und ein paar Minuten weiterkochen.

„Ein richtig geiles Campinggericht! Alles, was Ihr braucht, ist ein wenig Wasser, einen Topf und 20 Minuten Zeit. Guten Hunger!"

SCHNELLE TOMATEN-SPAGHETTI

FÜR 2 PERSONEN | 20 MINUTEN | VEGETARISCH

EINKAUFSLISTE

5	Stiele Basilikum
300 g	Kirschtomaten
1	Chilischote
600 ml	Gemüsebrühe
250 g	Vollkorn-Spaghetti
2	Kugeln Mozzarella
½ TL	Sambal Oelek
2 EL	Tomatenmark
	Salz und Pfeffer

Basilikumblätter abzupfen, waschen und abtupfen. Einige Blätter als Deko für später beseitestellen. Tomaten waschen, abtrocknen und halbieren. Chilischote waschen, der Länge nach halbieren, die Kerne entfernen und die Schote in feine Streifen schneiden.

Gemüsebrühe in einen Topf füllen. Pasta, Tomaten, den Großteil des Basilikums und die Chilistreifen zugeben. Mozzarella in kleine Stücke zupfen und ebenfalls hinzufügen.

Jetzt die restlichen Zutaten in den Topf geben und alles zusammen für 10 bis 15 Minuten unter ständigem Rühren einkochen, bis das Wasser verkocht ist.

Mit Salz und Pfeffer abschmecken, mit dem restlichen Basilikum garnieren und servieren.

UTENSILIEN

Messer | Schneidebrett | Topf | Herd

MEIN TIPP

Klassischerweise gibt man Ricotta salata statt Pecorino über die Nudeln. Probiert das gerne mal aus, wenn Ihr den festen Ricotta bekommt – schmeckt genauso lecker!

„Mamma mia! Aromatische Aubergine trifft auf frisches Basilikum und fruchtige Tomaten: Für mich ist das Dolce Vita pur!“

PASTA ALLA NORMA MIT AUBERGINE UND PECORINO

FÜR 2 PERSONEN | 30 MINUTEN | VEGETARISCH

EINKAUFSLISTE

2	Knoblauchzehen
8 EL	Olivenöl
500 g	passierte Tomaten
	Salz und Pfeffer
250 g	Tortiglioni
1	Aubergine
4	Stiele Basilikum
50 g	Pecorino

Knoblauch schälen und in dünne Scheiben schneiden. Die Hälfte des Olivenöls in einem Topf erhitzen und den Knoblauch glasig anschwitzen. Passierte Tomaten dazugeben und mit Salz und Pfeffer abschmecken. Für 20 Minuten bei niedriger Hitze köcheln lassen.

In der Zwischenzeit Nudeln nach Packungsanweisung in kochendem Salzwasser al dente garen.

Aubergine waschen und in mundgerechte Stücke schneiden. Restliches Olivenöl in einer Pfanne erhitzen und die Aubergine scharf anbraten. Basilikum waschen, trocken schütteln und grob schneiden.

Nudeln direkt aus dem Topf zusammen mit Basilikum und Aubergine zur Tomatensauce geben und alles gut vermengen. Pecorino reiben und direkt vor dem Servieren über die Pasta geben.

UTENSILIEN

Messer | Schneidebrett | Topf | Herd
Pfanne | Reibe

MEIN TIPP

Frisches Hackfleisch von der Fleischtheke solltet Ihr immer innerhalb von 24 Stunden verarbeiten. Abgepackte Ware dagegen ist oft etwas länger haltbar.

„Mein Freund Stefan Wiertz hat mir dieses Gericht mal mit Kalb gekocht. Wahnsinn! Mit Geflügel ist's aber (fast) genau so gut"

PAPPARDELLE MIT GEFLÜGELRAGÙ

FÜR 2 PERSONEN | 20 MINUTEN | MIT FLEISCH

EINKAUFSLISTE

1	Schalotte
1	Möhre
1	Staudensellerie
1	Knoblauchzehe
1 EL	Olivenöl
300 g	Geflügelhackfleisch
300 ml	Geflügelbrühe
	Salz und Pfeffer
½	Bio-Zitrone
1 EL	Ricotta
250 g	Pappardelle
	Basilikum
30 g	Parmesan

In der italienischen Küche steht Ragù nach der Definition der Accademia Italiana della Cucina für Rezepte, die alle auf einer Sauce mit gekochtem Fleisch beruhen und zu Pasta serviert werden – am bekanntesten ist sicher Ragù alla Bolognese.

Für unser Ragù das Gemüse waschen, schälen und fein würfeln. Olivenöl in einem Topf erhitzen und Gemüse und Geflügelhackfleisch darin für etwa 3 Minuten krümelig anbraten. Mit der Geflügelbrühe aufgießen und 5 Minuten einkochen. Mit Salz und Pfeffer abschmecken.

Zitrone heiß waschen, trocken tupfen und den Abrieb zusammen mit dem Ricotta zum Ragù geben.

In der Zwischenzeit die Pappardelle nach Packungsanweisung in Salzwasser al dente kochen. Basilikum waschen, trocken schütteln und zupfen. Pappardelle mit Ragù, Basilikum und geriebenem Parmesan servieren.

UTENSILIEN

Messer | Schneidebrett | Sparschäler
Herd | Topf | Reibe

MEIN TIPP

Es lohnt sich (fast) immer, ein bisschen mehr Pesto zu machen – Ihr könnt es einfach mit etwas Öl bedecken und gut verschlossen im Kühlschrank aufbewahren.

„Hierzulande isst man Walnüsse meistens nur als Snack. Dabei können sie viel mehr! Für unser Pesto rösten wir die Nüsse und mixen sie mit Käse und Petersilie – geniale Kombination!“

PENNE MIT WALNUSSPESTO UND RUCOLA

FÜR 2 PERSONEN | 20 MINUTEN | VEGETARISCH

EINKAUFSLISTE

120 g	Walnusskerne
6 Stiele	Petersilie, glatt
50 ml	Olivenöl
50 g	Parmesan, gerieben
	Salz und Pfeffer
250 g	Penne Rigate
50 g	Rucola

Für das Pesto die Walnusskerne in einer Pfanne ohne Fett anrösten, auf ein Küchenbrett geben und kurz auskühlen lassen. Ein paar schöne Kerne als Deko beiseitelegen, die anderen grob hacken. Petersilie waschen, trocken schütteln und grob zerteilen.

Walnusskerne, Petersilie und Olivenöl in einem hohen Gefäß pürieren und mit Parmesan, Salz und Pfeffer abschmecken.

Nudeln nach Packungsanweisung in kochendem Salzwasser zubereiten – am besten nach der Pi-mal-Daumen-Regel der Italiener: 100 g Nudeln auf je 1 Liter Wasser und 10 g Salz.

Während die Nudeln kochen den Rucola waschen, trocken schütteln und grob zupfen. Nudeln mit Pesto und Rucola vermengen und mit den restlichen Walnusskernen toppen.

UTENSILIEN

Pfanne | Herd | Messer | hohes Gefäß
Brett | Stabmixer | Topf | Sieb

PASTA MIT PISTAZIEN-PESTO

FÜR 2 PERSONEN | 30 MINUTEN | VEGETARISCH

„Für dieses Gericht habe ich mich von der leckeren Pistaziencreme inspirieren lassen, die man in Italien oft als süßen Brotaufstrich serviert bekommt. Ich dachte mir: Das muss doch auch in herzhaft gehen! Und das tut es auch, wie dieses Pesto auf köstliche Art beweist. Fürs Auge krümle ich gerne noch etwas von den dünnen lila Häutchen der Pistazien über die Nudeln"

EINKAUFSLISTE

250 g	Penne Rigate
	Salz
6	Tomaten, getrocknet, in Öl
1	Peperoni, grün
80 g	Grana Padano
½ Bd.	Petersilie, glatt
1	Knoblauchzehe
100 g	Pistazien, geschält
1 EL	Zitronensaft
80 ml	Olivenöl

UTENSILIEN

Herd | Topf | Schneidebrett | Messer
Sparschäler | Pfanne | hohes Gefäß
Stabmixer | Sieb

Die Penne nach Packungsanweisung in 2,5 Litern kochendem Salzwasser (je 10 g Salz auf 1 Liter) al dente garen. In der Zwischenzeit getrocknete Tomaten in feine Streifen schneiden. Peperoni waschen, trocken tupfen und in feine Ringe schneiden. Käse mit einem Sparschäler hobeln.

Für das Pesto die Petersilie waschen und trocken schütteln. Knoblauch schälen und in feine Scheibchen schneiden. Die Pistazien mit Knoblauch in einer Pfanne ohne Öl für etwa 4 Minuten anrösten, 1 Esslöffel Nüsse als Deko für später auf die Seite legen. Petersilie, restliche Pistazien und gerösteten Knoblauch, Zitronensaft und Olivenöl in ein hohes Gefäß geben und mit einem Stabmixer fein pürieren. 40 g Grana Padano mit einem Löffel unter die Masse heben und das Pesto mit Salz abschmecken – der restliche Käse wird später über die Nudeln gestreut.

Getrocknete Tomaten und Peperoni in eine Pfanne geben und für etwa 2 Minuten kurz anbraten. Penne durch ein Sieb abgießen, dabei etwa 100 ml Nudelwasser auffangen. Penne, Pistazien-Pesto und Nudelwasser in die Pfanne geben und einmal aufkochen. Pasta mit restlichen Pistazien und gehobeltem Grana Padano servieren.

MEIN TIPP

Schmeckt warm oder auch kalt als Nudelsalat. Pistazien-Pesto passt auch hervorragend zu Kartoffelsalat oder Gnocchi-Salat mit Tomate und Mozzarella!

„Lachs, Spinat und Wein: Das gehört einfach zusammen. Dieses Gericht habe ich in der Ausbildung gelernt und liebe es bis heute"

SPAGHETTI MIT LACHS UND WEISSWEINSAUCE

FÜR 2 PERSONEN | 30 MINUTEN | MIT FISCH

EINKAUFSLISTE

1	Zwiebel
1	Knoblauchzehe
3	Stiele Dill
100 g	Lachsfilet, ohne Haut
250 g	Spaghetti
3 EL	Olivenöl
50 ml	Weißwein
100 ml	Sahne (30 % Fett)
100 g	Zuckerschoten
50 g	Babyspinat
	Salz und Pfeffer
1 EL	Butter
30 g	Parmesan

Zwiebel und Knoblauch schälen. Zwiebel in Streifen und Knoblauch in dünne Scheiben schneiden. Dill vom Stiel zupfen und klein hacken. Lachs kalt abwaschen, trocken tupfen und in grobe Würfel schneiden.

Spaghetti in 2,5 Liter kochendem Salzwasser al dente zubereiten. In der Zwischenzeit Olivenöl in einer Pfanne erhitzen, die Lachswürfel für etwa 2 Minuten anbraten und aus der Pfanne nehmen. Knoblauch und Zwiebeln scharf anbraten, mit Weißwein ablöschen und mit Sahne aufgießen. Zuckerschoten und Spinat hinzugeben und für 2 Minuten köcheln lassen. Die Sauce mit Salz und Pfeffer abschmecken. Dann Nudeln, Dill und Butter in die Sauce geben und vermengen.

Die Pasta mit gehobeltem Parmesan und dem gebratenen Lachs servieren.

UTENSILIEN

Messer | Brett | Topf | Herd | Pfanne
Reibe

MEIN TIPP

Wer den Lachs gut durchgegart mag, kann die Würfel einfach zu der Sauce hinzufügen und für 2 Minuten mitköcheln lassen.

„Geniale Kombi, die ich zusammen mit meiner Mutter ausgetüftelt habe. Wir lieben sie so sehr, dass sie unbedingt ins Buch musste!"

PASTA MIT GARNELEN, KAISERSCHOTEN UND DILL

FÜR 2 PERSONEN | 25 MINUTEN | MIT FISCH

EINKAUFSLISTE

250 g	Fusilli
1	Zwiebel, rot
1	Bio-Zitrone
120 g	Kaiserschoten
½ Bd.	Dill
2 EL	Olivenöl
10	Garnelen, geschält
2 EL	Schmand
200 ml	Gemüsebrühe
40 g	Parmesan
	Salz und Pfeffer

Pasta nach Packungsanweisung in Salzwasser al dente garen. In der Zwischenzeit Zwiebel schälen, halbieren und in dünne Halbmonde schneiden. Zitrone waschen, abtrocknen, die gelbe Schale mit einem Sparschäler abschälen und in dünne Streifen schneiden. Kaiserschoten und Dill waschen, Schoten mittig halbieren. Dill trocken schütteln, grob zupfen und klein schneiden.

Olivenöl in einer Pfanne erhitzen, Zwiebel und Zitronenschale bei mittlerer Hitze 5 Minuten braten, dabei gelegentlich wenden. Garnelen und Kaiserschoten dazugeben und 3 Minuten ebenfalls scharf anbraten. Schmand und Gemüsebrühe dazugeben, Zitrone halbieren und den Saft durch ein Sieb ebenfalls in die Pfanne geben und aufkochen. Sauce von der Hitzequelle nehmen. Käse fein reiben.

Nudeln in ein Sieb gießen, dabei 100 ml Kochwasser auffangen. Zu der Sauce in die Pfanne geben. Dill dazu und mit Salz und Pfeffer abschmecken. Nudeln mit ausreichend Sauce auf zwei Teller geben und mit geriebenem Parmesan servieren.

UTENSILIEN

Schneidebrett | Messer | Sparschäler
Topf | Pfanne | Sieb | Reibe | Herd
Saftpresse

MEIN TIPP

Tiefgefrorene Garnelen am besten 24 Stunden vor der Zubereitung in einem Sieb im Kühlschrank auftauen lassen und durchgaren.

MEIN TIPP

Besonders lecker wird die Pasta auch mit Gemüse wie Oliven und Zucchini.

„Dieses Gericht ist ein Riesenhit auf Social Media – und völlig zu Recht: Der gebackene Feta passt perfekt zu Pasta und Gemüse!“

BAKED FETA PASTA

FÜR 2 PERSONEN | 25 MINUTEN | VEGETARISCH

EINKAUFSLISTE

200 g	Kirschtomaten
1	Aubergine
4	Stiele Thymian
1	Knoblauchzehe
150 g	Feta
60 ml	Olivenöl
	Salz und Pfeffer
150 g	Spaghetti
4	Stiele Basilikum

Tomaten waschen und in einem Sieb abtropfen lassen. Aubergine waschen und in 2 x 2 cm große Stücke schneiden. Thymian waschen, trocken schütteln und von den Stielen zupfen. Knoblauch schälen und fein hacken.

Backofen auf 220 Grad vorheizen. Feta aus der Verpackung nehmen, abtropfen lassen und mittig in eine kleine Auflaufform (etwa 15 x 20 cm) setzen. Tomaten, Aubergine, Knoblauch und Thymian um den Fetakäse herum verteilen.

Olivenöl darüber geben und mit Salz und Pfeffer würzen. Feta für 20 Minuten im vorgeheizten Ofen auf mittlerer Schiene backen.

In der Zwischenzeit Spaghetti nach Packungsanweisung in Salzwasser al dente kochen und anschließend abgießen. Basilikum waschen, trocken schütteln und Blätter vom Stiel zupfen.

Auflaufform aus dem Ofen nehmen. Spaghetti in die Auflaufform geben und alles mit einer Gabel gut vermengen. Mit dem frischen Basilikum garnieren und servieren.

UTENSILIEN

Küchenwaage | Sieb | Schneidebrett
Messer | Backofen | Auflaufform
(15 x 20 cm) | Topf | Herd | Gabel

„Ein Topf, kaum Abwasch – so mag ich mein Mittagessen am liebsten. Klappt übrigens auch bestens auf dem Campingkocher!"

ONE-POT-PASTA MIT TOMATEN UND SPECK

FÜR 2 PERSONEN | 20 MINUTEN | MIT FLEISCH

EINKAUFSLISTE

1	Zwiebel, mittelgroß
125 g	Bauchspeck, durchwachsen
2 EL	Olivenöl
250 g	Orecchiette
1 Dose	Tomaten, stückig
400 ml	Gemüsebrühe
12	Kirschtomaten
	Salz und Pfeffer
6	Stiele Basilikum
40 g	Parmesan

Zwiebel schälen, halbieren und in Spalten schneiden. Bauchspeck in Streifen schneiden. Olivenöl in einem Topf erhitzen, Zwiebel und Speck dazugeben und für etwa 1 Minute anschwitzen. Pasta, Tomaten und Gemüsebrühe dazugeben. Deckel auf den Topf geben und bei mittlerer Hitze etwa 12 Minuten kochen. Dabei gelegentlich umrühren.

Kirschtomaten waschen, trocken tupfen und halbieren. Tomaten zur Pasta geben und mit Salz und Pfeffer würzen. Basilikum waschen, trocken schütteln, Blätter grob zerzupfen und unter die Pasta rühren. Parmesan nach Belieben über die Pasta reiben oder hobeln.

UTENSILIEN

Schneidebrett | Sparschäler | Messer
Topf | Deckel | Herd | evtl. Reibe

MEIN TIPP

Um noch mehr Tomatengeschmack in die Pasta zu bekommen, könnt Ihr die Hälfte der Gemüsebrühe durch Tomatensaft ersetzen.

ORECCHIETTE MIT SALSICCIA

FÜR 2 PERSONEN | 30 MINUTEN | MIT FLEISCH

„Dieses Gericht habe ich mal in einem Restaurant in Mailand gegessen und musste es unbedingt nachkochen. Bei uns in Deutschland wird Fenchel meiner Meinung nach ja total unterschätzt. Zusammen mit den würzigen Würstchen bildet er hier auf jeden Fall eine super leckere Saucenkombi für die Orecchiette. Unbedingt probieren!“

EINKAUFSLISTE

300 g	Salsiccia-Wurst
1	Zwiebel, rot
1	Knoblauchzehe
1	Fenchelknolle
2 EL	Olivenöl
½ TL	Fenchelsamen
200 ml	Weißwein, trocken
250 g	Orecchiette
	Salz und Pfeffer
50 g	Butter
4	Stiele Majoran
40 g	Pecorino, gerieben

Die Salsiccia vom Darm befreien und das Innere mit einem Messer grob zerteilen. Zwiebel schälen und fein würfeln, Knoblauch in feine Scheiben schneiden. Fenchel waschen, abtrocknen, vom Strunk befreien und in feine Streifen schneiden. Öl in einer Pfanne erhitzen. Salsiccia, Knoblauch, Zwiebel, Fenchel und Fenchelsamen etwa 3 Minuten bei mittlerer Hitze farblos anschwitzen und gelegentlich umrühren. Mit Weißwein ablöschen und zur Hälfte reduzieren lassen.

Orecchiette in Salzwasser nach Packungsanweisung al dente kochen. Im Sieb abtropfen lassen, mit Butter in die Pfanne geben und alles auf eine sämige Konsistenz einkochen.

Majoran waschen, trocken schütteln und Blätter vom Stiel zupfen. Die Orecchiette mit Salz und Pfeffer abschmecken und mit Majoran und Pecorino servieren.

UTENSILIEN

Küchenwaage | Messer | Schneidebrett
Pfanne | Herd | Topf | Sieb

MEIN TIPP

Garnelen sind eine tolle Alternative zur Salsiccia. Diese am besten separat anbraten und am Ende unter die Öhrchen-Nudeln heben.

„Meine Variante der klassischen Senfeier: Statt Kartoffeln gibt's Gnocchi und das Ei landet in den Butterbröseln. Zum Niederknien!"

GNOCCHI IN SENFSAUCE MIT SPINATSALAT

FÜR 2 PERSONEN | 30 MINUTEN | VEGETARISCH

EINKAUFSLISTE

65 g	Butter
40 g	Panko-Mehl
1	Ei, Größe M, gekocht
500 g	Gnocchi, aus dem Kühlregal
200 ml	Sahne
200 ml	Gemüsebrühe
2 EL	Honig
2 EL	Honigsenf
1 EL	Weißweinessig
3 EL	Olivenöl
	Salz und Pfeffer
60 g	Baby-Spinat

Für die braune Butter 50 g Butter würfeln, in der Pfanne aufschäumen lassen und das Panko-Mehl darin 2 Minuten auf mittlerer Stufe anrösten. Zum Schluss das Ei fein hacken und dazugeben.

Die restliche Butter in einer separaten Pfanne aufschäumen lassen und Gnocchi etwa 5 Minuten darin anbraten.

Für die Sauce Sahne, Gemüsebrühe, 1 EL Honig und Honigsenf in einem Topf aufkochen und 2–4 Minuten auf mittlerer Stufe sämig einköcheln lassen. Anschließend mit den Gnocchi vermengen und mit Salz und Pfeffer abschmecken.

Für die Vinaigrette Essig, Olivenöl und den restlichen Honig vermengen und mit Salz und Pfeffer abschmecken. Den Spinat waschen, trocken schütteln und mit der Vinaigrette vermengen.

Gnocchi mit Spinatsalat und brauner Butter anrichten und servieren.

UTENSILIEN

Herd | Schüsseln | Pfanne | Messer
Schneebesen | Schneidebrett

MEIN TIPP

Wie man Gnocchi selbst macht, könnt Ihr online bei uns nachlesen – hier lang:

„Gnocchi punkten oft mit ihrer Einfachheit: Mit Salbei, Parmesan und Knoblauch wird aus ihnen eine richtig feine Mahlzeit"

SALBEI-GNOCCHI MIT PARMESAN

FÜR 2 PERSONEN | 25 MINUTEN | VEGETARISCH

EINKAUFSLISTE

300 g	Gnocchi, aus dem Kühlregal
	Salz und Pfeffer
2	Stiele Salbei
2	Knoblauchzehen
50 g	Parmesan
2 EL	Butter

Für dieses Gericht gibt es zwei Optionen. Klassisch geht es so: Gnocchi nach Packungsanweisung in kochendem Salzwasser zubereiten. Salbei waschen, trocken schütteln und Blätter von den Stielen zupfen. Knoblauch schälen und in feine Scheiben schneiden. Parmesan fein hobeln.

Butter in einer Pfanne schmelzen und Gnocchi darin rundherum anbraten. Salbei und Knoblauch zugeben und etwa 1 Minute mitbraten. Mit Salz und Pfeffer würzen. Gnocchi mit Parmesan servieren.

Wenn es noch schneller gehen soll: Die Gnocchi direkt in die Pfanne mit der geschmolzenen Butter geben und bei milder Hitze 3 bis 5 Minuten garen. Dann Kräuter, Knoblauch und Gewürze dazugeben …

UTENSILIEN

Herd | Topf | Messer | Brett | Hobel
Pfanne

MEIN TIPP

Probiert doch auch mal unser Rezept für selbst gemachte Süßkartoffel-Gnocchi – bitteschön:

WIE WIR EINKAUFEN

IMMER WIEDER FRAGEN MICH LEUTE, WIE UND WO WIR DENN EINKAUFEN. OB ALLES BIO IST, VOM MARKT UND SO. DAS IST ES AUCH BEI UNS NICHT, SO EHRLICH BIN ICH GERN UND ERZÄHL EUCH MAL DIE GANZE GESCHICHTE DAZU

Ein Lebensmittel ist ein Lebensmittel und so sollte es auch behandelt werden. Völlig egal ob geschenkt, aus dem Biomarkt, vom Discounter, von der Jagd, von den Eltern eingepackt, aus dem eigenen Garten oder beim Lieblingsproduzenten eingekauft.
Ich habe auf meinen Reisen gesehen, was Hunger bedeutet. Wie Menschen vor Restaurants gewartet haben, um die Essenreste der Gäste und auch von mir zu bekommen. Hungernde Menschen zu sehen – und dann auch noch Kinder – bringt einen selbst auf den Boden der Tatsachen zurück. Es zeigt, wie gut es uns als Gesellschaft wirklich geht.
Überfluss in Hülle und Fülle, Einkaufen an jeder Ecke, im Späti, in 24/7 vollautomatisierten Supermärkten oder in den Ballungsgebieten mittlerweile per App vom Kurier nach Hause gebracht. Das alles hat seine Berechtigung, die Frage ist nur: Wie geht man selbst damit um? Wie hält man die Augen offen? Ist man selbst bereit, etwas zu ändern? Das bedeutet, auch ein wenig die Komfortzone zu verlassen – was passt zu einem selbst, und auch in das eigene Umfeld.
Ehrlich gesagt ist dies in meinem persönlichen wie auch auf dem Campusleben bei Foodboom eine Aufgabe. Auf der einen Seite soll es umweltbewusst sein, nachhaltig und regional. Bio nach Möglichkeit auch, doch Achtung: Was ist wirtschaftlich überhaupt umsetzbar? Das kennt jeder von uns privat und für mich ist es eine tägliche Überprüfung.

Ich nutze den Januar jeden Jahres, um Dinge zu testen, auszuprobieren und lerne daran autodidaktisch. Wenn es gefällt, setze ich es in meinem privaten Bereich wie auch bei uns auf dem Campus um. 2024 habe ich mit pflanzlicher Rohkosternährung gestartet. 2023 habe ich auf Fleisch und Fisch verzichtet, davor Clean-Eating getestet. Auf körperliche und geistige Veränderungen möchte ich hier überhaupt nicht eingehen.
Dennoch kann ich sagen: Wenn man Gewohnheiten ändert, wie zum Beispiel die eigene Ernährungsform, ist das nicht einfach. Keine warme Mahlzeit, kein Brötchen mit Käse zum Frühstück. Es wirkt wie ein Entzug, ist jedoch nur der Entzug der Gewohnheit. Der Weg, sich mit neuen, anderen Dingen zu beschäftigen, zeigt wenige Tage später, was alles möglich ist. Alles, was man dazu benötigt, ist Disziplin und den Glauben daran, Dinge nicht für jemand anderen zu ändern, sondern immer für sich selbst.

Ehrlich gesagt gibt es bei mir daher auch nicht das perfekte Szenario zum Thema Einkauf und ich bin viel pragmatischer als dogmatisch unterwegs. Gestellte Bilder, die aussehen, als würde ich jedes Wochenende auf dem Markt beim Bauern einkaufen, sind einfach nicht die ganze Wahrheit. Alles, was ich tue, ist der Versuch, mir und meinem Körper gute Lebensmittel zu geben. Je nach Rezept springe ich für die Zutaten in den Discounter, in den Supermarkt oder kaufe auf dem Wochenmarkt ein und unterhalte mich mit den Produzenten aus dem Umland. Am liebsten bin ich auf dem Markt, das stimmt schon, ich merke das allerdings auch immer schnell im Geldbeutel. Auf Bio lege ich mittlerweile keinen großen Wert mehr, mir ist Regionalität wichtiger geworden.
Viele produzieren in der Region auch in Bioqualität, haben aber kein Geld für Siegel, Zertifikate und jährliche Inspektionen und Audits. Auf dem Markt habe ich Vertrauen in meine Gemüse,- Obst,- und Kräuter-Dealer. Im Supermarkt schaue ich einfach auf die Herkunft, das Ursprungsland steht immer dabei, bei einigen seit Neuestem auch die Region.
Ich habe für mich einen gesunden Weg des Mittelmaßes gefunden. Es gibt Tage, da gönne ich mir richtig gute Qualität, auch mal Tomaten zu 39 Euro das Kilo, dazu ein gutes Olivenöl und grobkörniges Meersalz.

Auf dem Markt gehe ich am liebsten einkaufen, wie z. B. hier auf dem Hamburger Isemarkt. Bei Händlern wie Malte weiß ich einfach, dass ich Lebensmittel in Top-Qualität bekomme – auch wenn sie kein Bio-Siegel haben

Großartig! An anderen Tagen gibt es Pellkartoffeln, Quark und Leinöl. Deutlich preiswerter, sättigend, aber auch gesund und lecker. Wenn ich mir Käse kaufe, dann bin ich bereit, dafür Geld auszugeben. Ich habe in der Schweiz gelehrt bekommen, was es bedeutet, Käse zu produzieren, aber auch, wo die Milch vom Käse herkommt – und das alles ergibt einen Sinn.

Ich kann jedem ans Herz legen, sich mit dem Ursprung von Rohstoffen und Lebensmitteln vertraut zu machen, auch mal einen Geschmackstest zu starten. Probier mal eine Discounter-Tomate im direkten Vergleich mit einer Tomate Deines Direktproduzenten vom Wochenmarkt. Schau bei verarbeiteten Lebensmitteln bitte auf die Zutatenliste und verzichte im Zweifel auf alles, was ein E hat. Geschmacksverstärker, Aromen, Konservierungsstoffe oder auch Hefeextrakt.
Versteht mich bitte nicht falsch: Ich bin nicht gegen Convenience, es gibt mittlerweile wirklich gute Convenience-Produkte, wenn es mal schnell gehen muss. Aber versucht vielleicht einfach meine Tipps nicht zu vergessen, und hoffentlich werden irgendwann alle Lebensmittel auf eine cleane Rezeptur umgestellt.

Bei mir zu Hause gibt es übrigens weder Aluminiumfolie noch Frischhaltefolie. Warum? Ganz einfach, weil es das nicht braucht. Jeder von uns hat Plastikboxen von Mutti zu Hause, bei mir sind es zudem jede Menge Gläser, die einfach zum Frischhalten benutzt werden und nach dem Gebrauch in der Spülmaschine landen. Das Gute daran: Ich spare Geld und schone die Umwelt. Diese Denkweise, dieses Handeln versuche ich auch in die Kultur unseres Campus hineinzutragen. Nicht als Heilsbringer, sondern einfach als Impuls oder Anreiz und das ist schon eine ordentliche Aufgabe.

Unseren Kaffee kaufen wir bei Annika und Thomas von Elbgold in Hamburg. Klar ist der Kilopreis deutlich über dem, was typische große Gastro-Lieferanten anbieten. Allerdings reicht deren Geschmack nicht an den von qualitativ hochwertigem Kaffee heran. Hinzu kommt: Elbgold-Kaffee wird in großen Mehrweg-Boxen geliefert. Die beiden unterstützen die Kaffeebauern direkt vor Ort, da sie die Ernten direkt bei denen einkaufen. Unser Obst, Molkereiprodukte, Gemüse – das kommt vom großen Zwischenhändler vor Ort. Dieser wiederum kauft im Umland bei seinen Produzenten ein. Last not least: Fleisch und Fisch kaufen wir bei ortsansässigen Unternehmen.

Aus unseren Lebensmittel-Rückständen von allen Rezeptproduktionen kochen wir jeden Tag eine leckere Mahlzeit für das ganze Team. Am Freitag kann jeder die Plastikbox von daheim mitbringen und voll machen. Somit schmeißen wir keine Lebensmittel weg, unsere Leute sparen Geld – und wir auch, da jedes Kilo in der Biotonne Geld kostet. Sollte dennoch was übrig bleiben, rufen wir die Tafeln an oder verschenken an unsere Nachbarn. Natürlich wird bei uns der Müll auch getrennt. Wir haben fast alle Plastikmüllbeutel abgeschafft. Unser Toilettenpapier kaufen wir bei einer gemeinnützigen Organisation ein, Goldeimer heißt die und engagiert sich für Entwicklungsprojekte im Sanitär- und Hygienebereich. Unsere Softgetränke kommen von lokalen Händlern, und zu guter Letzt verwenden wir ökologisches Reinigungsmittel.

So versuchen wir gemeinsam, Tag für Tag etwas zu verbessern, ohne dass wir uns damit schmücken. Wir sehen das als Standard an. Die Zukunft kann uns nur gehören, wenn wir sie Tag für Tag neu denken.

Mahlzeit! Pünktlich um 13 Uhr gibt es bei uns jeden Tag ein leckeres Reste-Essen für das gesamte Team

MEIN TIPP

Ihr wollt den Pizzateig lieber selbst machen? Das Rezept gibt's hier:

„Ein Best-of Italiens und der USA, vereint als Fingerfood – Hammer! Ich kann von den kleinen Dingern jedenfalls nicht genug bekommen"

MAC'N'CHEESE-PIZZA

FÜR 2 PERSONEN | 30 MINUTEN | MIT FLEISCH

EINKAUFSLISTE

1	Pizzaboden, aus dem Kühlregal
100 g	Makkaroni
1 EL	Butter
1 EL	Mehl, Type 405
100 ml	Milch
150 g	Cheddar, gerieben
1 TL	Paprika, edelsüß
	Salz und Pfeffer
½ Bd.	Petersilie
100 g	Mini-Salami
50 g	Tomaten, getrocknet, in Öl
50 g	Kapernäpfel

Ofen auf 200 Grad Ober-/Unterhitze oder 175 Grad Umluft vorheizen. Pizzaboden ausrollen und mit einem Ausstechring 8 kleine Teigkreise ausstechen. Auf ein mit Backpapier ausgelegtes Backblech legen und im Ofen für etwa 3 Minuten backen.

Für die Mac'n'Cheese die Makkaroni in kochendem Salzwasser nach Packungsanweisung al dente kochen. Butter in einem Topf schmelzen und das Mehl unterrühren. Milch und Käse zugeben und zu einer Sauce rühren. Mit Paprikapulver, Salz und Pfeffer abschmecken. Petersilie waschen, trocken schütteln und fein hacken.

Nudeln und die Hälfte der Petersilie unter die Sauce rühren. Die Mac'n'Cheese-Masse auf den Pizzaböden verteilen.

Mini-Salami in dünne Scheiben schneiden. Die getrockneten Tomaten kurz abtropfen lassen und grob hacken. Kapernäpfel waschen und halbieren. Pizzen mit Salami und Tomaten belegen und auf mittlerer Schiene für 10 weitere Minuten backen. Mit Kapernäpfeln und restlicher Petersilie garnieren.

UTENSILIEN

Nudelholz | Ausstechring (ø 10 cm)
Backblech | Backpapier | Topf

MEIN TIPP

Das Ajvar könnt Ihr ganz einfach selbst machen – der QR-Code bringt Euch direkt zum Rezept!

„Habt Mut, auch mal was Ungewöhnliches wie Ajvar zu probieren. Die Würzpaste ist eine schöne spicy Alternative für Pizzasauce“

PIZZA MIT AJVAR, MERGUEZ UND SCHAFSKÄSE

FÜR 2 PIZZEN | 20 MINUTEN | MIT FLEISCH

EINKAUFSLISTE

4	Merguez-Würste
1	Zwiebel, rot
2	Pizzaböden, aus dem Kühlregal
200 g	Ajvar
160 g	Schafskäse
2 EL	Kapern
1	Handvoll Basilikum

Merguez-Würste in etwa 1 cm dicke Scheiben schneiden. Zwiebel schälen und in feine Scheiben schneiden. Backofen auf 220 Grad vorheizen.

Pizzateige mit mitgeliefertem Backpapier auf dem Backblech ausrollen und mit Ajvar bestreichen. Käse darüber bröseln und mit Merguez, Zwiebelringen und Kapern belegen. Auf der obersten Schiene für 15 Minuten im Backofen backen und nach Belieben mit den Basilikumblättern garnieren.

UTENSILIEN

Messer | Schneidebrett | Backofen
Backblech | Pinsel

„Was kommt dabei heraus, wenn Italien auf die Türkei trifft? Ein buntes Mittagessen, das im Nu fertig ist und richtig satt macht!"

MEDITERRANE FLADENBROT-PIZZA

FÜR 2 PERSONEN | 20 MINUTEN | VEGETARISCH

EINKAUFSLISTE

2	Fladenbrote
5 EL	Olivenöl
400 g	Tomaten, bunt
50 g	Oliven, schwarz
150 g	Schmand
1	Knoblauchzehe
1	Zitrone
	Salz und Pfeffer
30 g	Rucola

Backofen auf 200 Grad Umluft vorheizen. Fladenbrote der Länge nach halbieren und die Schnittflächen mit Olivenöl einpinseln. Fladenbrote mit der Schnittfläche nach oben für etwa 5 Minuten auf mittlerer Schiene im Ofen backen.

Tomaten waschen und vierteln. Oliven in kleine Ringe schneiden. Schmand in eine Schüssel geben, Knoblauch schälen und mit einer feinen Reibe in den Schmand reiben. Zitrone halbieren und auspressen. Restliches Olivenöl hinzugeben und mit Salz und Pfeffer abschmecken.

Rucola waschen. Geröstetes Fladenbrot zur Hälfte mit Schmand bestreichen und mit Tomaten, Oliven und Rucola garnieren. Nochmals mit Pfeffer abschmecken und servieren.

UTENSILIEN

Backofen | Messer | Brett | Backrost
Pinsel | Schüssel | Reibe | Saftpresse

MEIN TIPP

Für eine Party könnt Ihr ganz einfach kleine Mini-Pizzen herstellen. Das Fladenbrot dafür einfach mit einem Ring ausstechen.

MEIN TIPP

Lust auf selbst gemachte Bolognese? Mit unserem Rezept für Blitz-Ragù alla Bolognese gelingt sie Euch im Handumdrehen! Der QR-Code bringt Euch direkt hin:

„Das perfekte Rezept, wenn man noch etwas Bolognese vom Vortag übrig hat. Auf die Pinsa und ab in den Ofen – einfach genial!"

PINSA MIT BOLOGNESE

FÜR 2 PERSONEN | 25 MINUTEN | MIT FLEISCH

EINKAUFSLISTE

- 400 g Pinsateig, aus dem Kühlregal
- 200 g Bolognese-Sauce
- 120 g Mini-Mozzarella
- 4 Stiele Basilikum

Backofen auf 230 Grad vorheizen. Pinsateig in 2 Stücke teilen und mit dem Nudelholz etwa 1,5 cm dick ausrollen. Pinsateig auf ein mit Backpapier ausgelegtes Backblech legen, mit Bolognese-Sauce und Mini-Mozzarella belegen. Die Pinsa für etwa 10 Minuten backen.

In der Zwischenzeit Basilikum waschen, trocken schütteln und grob zupfen. Pinsa aus dem Ofen nehmen und mit Basilikum belegen.

UTENSILIEN

Backblech | Backpapier | Nudelholz
Backofen

„Shakshuka ist ein wahrer Allrounder: Ihr könnt das Gericht zum Frühstück, Mittag oder Abend essen – für mich Soulfood pur"

SHAKSHUKA MIT KICHERERBSEN

FÜR 2 PERSONEN | 25 MINUTEN | VEGETARISCH

EINKAUFSLISTE

½	Paprika, rot
½	Zwiebel, rot
1	Knoblauchzehe
1	Chilischote, rot
200 g	Kichererbsen, aus der Dose
2 EL	Rapsöl
1 TL	Tomatenmark
50 ml	Wasser
1 TL	Garam Masala
200 g	Tomaten, gehackt, aus der Dose
	Salz und Pfeffer
2	Eier, Größe M
4	Stiele Koriander

Paprika waschen, abtrocknen, Zwiebel schälen und in mundgerechte Würfel schneiden. Knoblauch schälen, Chili waschen, abtrocknen und beides fein hacken. Kichererbsen gut abtropfen lassen.

Öl in einer Pfanne erhitzen und Paprika, Zwiebel, Knoblauch, Chili, Kichererbsen und Tomatenmark etwa 5 Minuten scharf anbraten. Mit Wasser ablöschen, ab und zu umrühren und mit Garam Masala würzen.

Tomaten in die Pfanne geben und etwas köcheln lassen. Shakshuka mit Salz und Pfeffer abschmecken. Herd auf die niedrigste Stufe stellen und mit einem Esslöffel 2 Mulden in die Shakshuka pressen. In jede Mulde 1 aufgeschlagenes Ei gleiten lassen. Deckel auf die Pfanne geben und 10 Minuten köcheln lassen.

In der Zwischenzeit Koriander waschen, trocken schütteln und vom Stiel zupfen. Über die Shakshuka geben und in der Pfanne servieren.

UTENSILIEN

Küchenwaage | Messer | Schneidebrett
Sieb | Pfanne | Herd

MEIN TIPP

Solltet Ihr das Eigelb nicht ganz durchgekocht und etwas weicher mögen, lasst Ihr die Shakshuka statt 10 nur 6 Minuten köcheln.

„Wenn das mal nicht nach Weihnachtskugeln aussieht! Ich liebe farbenfrohes Kochen – erst recht, wenn es dann noch so genial schmeckt"

ROTE-BETE-KNÖDEL MIT RUCOLA-PESTO UND NÜSSEN

FÜR 2 PERSONEN | 30 MINUTEN | VEGETARISCH

EINKAUFSLISTE

400 g	Knödelteig, Kühlregal
500 ml	Rote-Bete-Saft
200 g	Rucola
50 g	Pinienkerne
50 g	Parmesan
80 ml	Olivenöl
	Salz und Pfeffer
100 g	Haselnüsse, mit Schale
2	Zwiebeln, rot
2 EL	Butter
20 g	Parmesan

Für die Knödel den fertigen Teig zu kleinen Kugeln formen. Salzwasser zum Kochen bringen und Rote-Bete-Saft hinzugeben. Die kleinen Knödel im Rote-Bete-Saft nach Packungsanweisung garen.

Für das Pesto 150 g Rucola waschen und trocken schütteln. Pinienkerne in einer Pfanne ohne Öl anrösten. Rucola, Parmesan, geröstete Pinienkerne und Olivenöl in ein hohes Gefäß geben, mit einen Stabmixer pürieren und mit Salz und Pfeffer abschmecken.

Haselnüsse grob hacken und in einer Pfanne ohne Öl anrösten. Zwiebeln schälen, halbieren und in feine Spalten schneiden. Butter in der Pfanne aufschäumen lassen und Zwiebeln 1 Minute bei kräftiger Hitze anbraten.

Haselnüsse, gebratene Zwiebeln, restlichen Rucola und Pesto in eine Schale geben und die Knödel darauf geben. Zum Schluss Parmesan darüberhobeln und servieren.

UTENSILIEN

Schüssel | Brett | Herd | Topf | Pfannen
hohes Gefäß | Standmixer | Messer

MEIN TIPP

Für eine noch kräftigere Farbe könnt Ihr einfach den Anteil des Saftes erhöhen.

MEIN TIPP

Außerhalb der Pilzsaison könnt Ihr getrocknete Steinpilze verwenden. Den Sud, in dem Ihr sie einweicht, auffangen und zum Risotto geben – das gibt richtig viel Geschmack!

„Ein Riesenhit bei uns im Team: preiswert, schnell gemacht, vegan und trotzdem super cremig. Schlotzigkeit pur!"

VEGANES PILZRISOTTO

FÜR 2 PERSONEN | 25 MINUTEN | VEGAN

EINKAUFSLISTE

300 g	frische Pilze, z.B. Champignons, Steinpilze, Shiitake, Austernpilze oder Pfifferlinge
2	Schalotten
1	Knoblauchzehe
2 EL	Olivenöl
200 g	Risotto-Reis
200 ml	Weißwein
500 ml	Gemüsebrühe
4	Stiele Thymian
4 EL	Margarine, vegan
	Salz und Pfeffer

Pilze putzen und in mundgerechte Stücke schneiden. Schalotten und Knoblauch schälen und Knoblauch fein würfeln.

Olivenöl in einem Topf erhitzen, Schalotte und Knoblauch 1 Minute farblos anschwitzen. Den Reis dazugeben und 2 Minuten mit anbraten, dabei gelegentlich rühren. Risotto mit Weißwein ablöschen und mit (warmer) Gemüsebrühe aufgießen. Thymian waschen, trocken schütteln, zum Risotto geben und etwa 15 Minuten bei mittlerer Hitze köcheln lassen, dabei immer wieder mal umrühren. In der Zwischenzeit die Hälfte der Margarine in einer Pfanne erhitzen, Pilze darin braten und mit Salz und Pfeffer abschmecken.

Restliche Margarine zum Risotto geben, vom Herd nehmen und das Risotto mit Salz und Pfeffer abschmecken. Den Thymian entfernen und das Risotto mit den Pilzen servieren.

UTENSILIEN

Messer | Topf | Schneidebrett | Pfanne

MEIN TIPP

Gebt die fertigen Zucchinipuffer auf Küchenpapier und lasst sie gut abtropfen.

„Zucchini bringen nicht nur Farbe in Eure Kartoffelpuffer, sondern machen sie auch noch ein bisschen gesünder. Guten Hunger!“

ZUCCHINIPUFFER MIT ZITRONEN-THYMIAN-SCHMAND

FÜR 2 PERSONEN | 25 MINUTEN | VEGETARISCH

EINKAUFSLISTE

400 g	Kartoffeln, festkochend
150 g	Zucchini
2 Stiele	Petersilie
1	Knoblauchzehe
1	Ei, Größe M
20 g	Weizenmehl, Type 405
20 g	Speisestärke
1 Msp.	Muskatnuss, gerieben
	Salz und Pfeffer
3 EL	Sonnenblumenöl zum Braten
100 g	Schmand
1	Bio-Zitrone
2 Stiele	Thymian

Zucchini waschen, Kartoffeln schälen. Beides grob reiben, auspressen und in eine Schüssel geben. Petersilie waschen, trocken schütteln, Blätter fein hacken und ebenfalls zugeben. Knoblauch schälen, dazu reiben. Ei, Mehl und Speisestärke hinzugeben und vermengen. Die Masse mit Muskat, Salz und Pfeffer würzen. Öl in einer Pfanne erhitzen, aus der Masse kleine Puffer formen und bei mittlerer Hitze von jeder Seite etwa 2 Minuten braten.

Schmand in eine Schüssel geben. Zitrone heiß abspülen und trocken tupfen. Schale der Zitrone abreiben, die Zitrone halbieren und auspressen. Abrieb und Saft dem Schmand zugeben. Thymian waschen, trocken schütteln, die Blättchen abzupfen und in die Schüssel mit dem Dip geben. Mit Salz und Pfeffer abschmecken und verrühren.

Die kross gebackenen Zucchinipuffer mit Zitronen-Thymian-Schmand servieren.

UTENSILIEN

Sparschäler | Reiben | Schüsseln | Herd
Pfanne | Saftpresse

MEIN TIPP

Statt Babyleaf- oder Pflücksalat könnt Ihr gut auch Feldsalat verwenden.

„Gebratener Spargel ist doch fast noch geiler als gekochter, oder? Schinken und Käse dazu – und schon wird's erste Liga!"

SPARGEL-PFANNE MIT KÄSE UND KATENSCHINKEN

FÜR 2 PERSONEN | 25 MINUTEN | MIT FLEISCH

EINKAUFSLISTE

500 g	Spargel, weiß
50 g	Katenschinken
1	Frühlingszwiebel
2 EL	Olivenöl
2 EL	Wasser
1 EL	Butter
	Salz und Pfeffer
50 g	Gouda, gerieben
50 g	Pflücksalat (z. B. Babyleaf)
50 g	Macadamianüsse

Den Spargel schälen und in mundgerechte Stücke schneiden. Katenschinken fein würfeln, Frühlingszwiebel waschen und in kleine Ringe schneiden.

Olivenöl in einer Pfanne erhitzen, Schinkenwürfel kurz anbraten, Spargel hinzugeben und für 3 Minuten mitbraten. Wasser und Butter hinzugeben, vermengen und köcheln lassen. Spargelpfanne mit Salz und Pfeffer abschmecken. Die Frühlingszwiebeln über den Spargel geben und den geriebenen Gouda in der Pfanne verteilen.

Einen Deckel auf die Pfanne geben und für 3 Minuten ziehen lassen. Den Babyleaf-Salat waschen und trocken tupfen, Macadamianüsse grob hacken. Spargelpfanne mit Salat und Nüssen anrichten und servieren.

UTENSILIEN

Sparschäler | Messer | Brett | Pfanne mit Deckel | Herd

„Mein persönliches Lieblingsrezept in diesem Buch. Selbst Italiener lieben dieses Hähnchen! Und dazu die cremige Polenta: buonissimo!“

LIMONCELLO-HÄHNCHEN MIT WEISSER POLENTA

FÜR 2 PERSONEN | 30 MINUTEN | MIT FLEISCH

EINKAUFSLISTE

1 EL	Chilipaste
1	Kohlrabi
800 g	Hähnchenkeule, ohne Knochen
1	Peperoni, gelb
4	Stiele Thymian
8	Radieschen
2 EL	Olivenöl
	Salz
4 EL	Limoncello
300 ml	Milch
80 g	Polenta
100 g	Mascarpone
1 Prise	Muskatnuss, gemahlen

UTENSILIEN

Schüssel | Schneidebrett | Messer
Backofen | Pfanne, ofenfest | Topf
Schneebesen | Reibe | Herd

Backofen auf 220 Grad vorheizen. Chilipaste in eine Schüssel geben, Kohlrabi schälen und in 2 x 2 cm große Würfel schneiden. Blattgrün vom Kohlrabi in dünne Streifen schneiden. Hähnchenschenkel und Kohlrabi zur Chilipaste geben und gut vermengen. Gemüse und Thymian waschen, Peperoni in Ringe schneiden und Thymian zupfen. Blätter und Stängel der Radieschen grob klein schneiden und Radieschen vierteln. Geschnittene Radieschen mit Blattgrün zur Seite stellen.

Olivenöl in einer Pfanne erhitzen, Hähnchenschenkel mit der Hautseite hineinlegen und 3 Minuten kross anbraten. Hähnchen wenden, Kohlrabi und Thymian dazugeben und weitere 3 Minuten braten. Hähnchen salzen, mit Limoncello beträufeln und 8 Minuten auf der mittleren Schiene im Backofen garen.

In der Zwischenzeit Milch in einen Topf geben und aufkochen. Polenta einrühren und 2 Minuten bei mittlerer Hitze köcheln, dabei gelegentlich umrühren. Mascarpone in die Polenta einrühren, mit Salz und Muskatnuss abschmecken.

Hähnchen aus der Pfanne im Backofen nehmen und zur Seite stellen. Nun Radieschen, Radieschengrün und Kohlrabigrün zum Sud vom Hähnchen in die Bratpfanne geben, vermengen und für noch einmal 2 Minuten in den Backofen stellen.

Radieschen und Grün aus dem Ofen nehmen, Sud unter die Polenta rühren und anrichten.

MEIN TIPP

Ihr könnt weiße oder klassische gelbe Polenta für das Rezept verwenden. Hähnchenschenkel haben einen höheren Fettanteil als Hähnchenbrust und bleiben daher saftiger.

„Hähnchen, Champignons und Sahne: eine fantastische Kombination. Schmeckt genau so cremig und saftig, wie es aussieht!"

HÄHNCHEN IN CHAMPIGNON-SAHNESAUCE

FÜR 2 PERSONEN | 30 MINUTEN | MIT FLEISCH

EINKAUFSLISTE

2	Hähnchenbrust-filets
	Salz und Pfeffer
1 TL	Paprikapulver, edelsüß
2 EL	Butter
1	Zwiebel
100 g	Champignons
100 g	Kirschtomaten
1 EL	Tomatenmark
1 TL	Weizenmehl
200 ml	Weißwein, trocken
300 g	Sahne
100 g	Baby-Spinat
60 g	Parmesan

Hähnchen kalt abwaschen, trocken tupfen und mit Salz, Pfeffer und Paprika würzen. Butter in einer Pfanne erhitzen, Hähnchen dazugeben und von jeder Seite 2 Minuten scharf anbraten. Auf einen Teller legen und kurz ruhen lassen.

Zwiebel schälen und fein würfeln. Champignons mit einem Küchentuch putzen und vierteln. Kirschtomaten waschen und halbieren. Zwiebel und Champignons in die Pfanne geben und mit dem Tomatenmark 2 Minuten anbraten. Mehl zugeben, mit Weißwein ablöschen und kurz einkochen. Sahne zugeben und aufkochen. Spinat waschen und in einem Sieb abtropfen lassen. Spinat, Kirschtomaten und Hähnchen zur Sauce geben und bei mittlerer Hitze etwa 5 Minuten köcheln lassen.

Den Parmesan reiben und auf den Hähnchenbrüsten verteilen. Für etwa 1 Minute in der Restwärme schmelzen lassen und dann servieren.

UTENSILIEN

Küchenpapier | Messer | Reibe | Herd
Schneidebrett | Pfanne | Geschirrtuch
Sieb

MEIN TIPP

Perfekt passen Kartoffeln, Reis oder einfach nur Brot.

„Kann man Hähnchen zusammen mit Linsen in einer Pfanne garen? Dieses Gericht zeigt: Man kann nicht nur – man muss!“

ZITRONEN-HÄHNCHEN MIT LINSENSALAT

FÜR 2 PERSONEN | 30 MINUTEN | MIT FLEISCH

EINKAUFSLISTE

400 g	Hähnchenbrust, mit Flügel und Haut
2 EL	Olivenöl
	Salz und Pfeffer
1	Apfel, z. B. Elstar
1	Bio-Zitrone
4	Stiele Salbei
1	Zwiebel
150 g	Linsen, rot, vorgegart
2 EL	Ricotta

UTENSILIEN

Bratpfanne mit Deckel | Herd
Küchenwaage | Schneidebrett
Messer | Teller

Hähnchenfleisch mit Olivenöl beträufeln und mit Salz und Pfeffer würzen. Eine Bratpfanne auf mittlere Hitze vorheizen, die Hähnchen darin ohne Zugabe von weiterem Fett mit der Hautseite nach unten 2 Minuten anbraten, die Hitze erhöhen, die Hähnchen wenden und weitere 2 Minuten braten.

In der Zwischenzeit Apfel, Zitrone und Salbei waschen und trocken tupfen. Apfel in 1 x 1 cm große Würfel schneiden. Zitronenschale mit dem Messer dünn zu Zesten herunterschneiden. Ein paar Salbeiblätter vom Stiel zupfen und für die Garnitur zurückhalten. Zwiebel schälen, halbieren und in Halbmonde schneiden.

Hähnchenbrust aus der Bratpfanne auf einen Teller geben. Linsen über einem Sieb abtropfen lassen. Apfel, Zitronenschale, restlichen Salbei, Zwiebel und Linsen in die heiße Bratpfanne geben und 1 Minute rösten. Hähnchenbrust mit 200 ml Wasser zu den Linsen geben. Deckel auf die Bratpfanne setzen und 10 Minuten bei kleiner Hitze schmoren lassen.

Währenddessen die weiße Schale der Zitrone abschneiden und die Filets vorsichtig herauslösen. Zurückgelegte Salbeiblätter fein hacken.

Nach 10 Minuten Garzeit Hähnchenbrüste aus der Bratpfanne nehmen. Hitzequelle ausstellen, Zitronenschale und Salbei entfernen. Ricotta, Zitronenfilets und Salbeiblätter unter die Linsen rühren und mit Salz und Pfeffer abschmecken.

Hähnchenbrüste in 3 Teile schneiden, mit dem Linsensalat anrichten und servieren.

MEIN TIPP

Tauscht die Zitrone gern auch mal gegen eine Orange aus – mega!

Executive Chef
lebua

WO DER GENUSS ZU HAUSE IST

IM ZWEITEN TEIL MEINER KULINARISCHEN WELTREISE LERNE ICH IN THAILAND, DEN USA, DER SCHWEIZ UND COSTA RICA, WIE GLÜCKLICH SCHNELLES UND EINFACHES ESSEN MACHEN KANN – AUCH WENN ICH DAZU ERST EINEN UMWEG ÜBER DIE SPITZENGASTRONOMIE GENOMMEN HABE …

Mit Mitte 20 habe ich etwas geschafft, wovon viele Köche träumen. Ich durfte zwei Wochen lang ein Praktikum im *Noma* machen, dem damals besten Restaurant der Welt. Wow! Die Spitzengastronomie war ja eigentlich noch nie mein Ding, aber hier wurden die abgefahrensten und innovativsten Gerichte serviert, die ich je gesehen hatte. Hochmotiviert und ziemlich aufgeregt trat ich also zu meiner ersten Schicht an – und war erstmal damit beschäftigt, meinen Kollegen nicht ständig auf die Füße zu treten. 29 Köche wuselten in der *Noma*-Küche herum, bei gerade mal 45 Sitzplätzen im Restaurant. Drei Viertel meiner Kollegen waren übrigens auch Praktikanten. Unbezahlte, natürlich – in der gehobenen Gastronomie damals leider absolut normal. Genauso wie eine sehr ausgeprägte Ellbogenmentalität …

Los ging's morgens um halb acht, Küchenschluss war um ein Uhr nachts und dazwischen gab's drei Pausen von insgesamt 60 Minuten. Zum ersten Mal in meinem Leben hatte ich abends keine Lust mehr auf ein Feierabendbier. Stattdessen war ich völlig fertig und habe mich an meinen beiden freien Tagen einfach nur mit Pizza vollgestopft. Natürlich hat mir das Praktikum auch was gebracht: Ich habe gelernt, was es bedeutet, mit Lebensmitteln zu arbeiten und deren Herkunft zu schätzen. Wie man Kräuter richtig pflegt und sorgsam mit teurer Schokolade umgeht. Oder Jakobsmuschel dünn aufgehobelt im Dörrer trocknet – bis heute eins meiner Highlights. Aber ganz ehrlich: Das ist nicht meine Welt – und nach den zwei Wochen in Kopenhagen war ich unendlich froh, andere Wege zu gehen …

Thailand: Meine kulinarische Oase

Meine Reiselust hab ich mir durch diese Erfahrung aber nicht nehmen lassen. Im Gegenteil! Jetzt wollte ich erst recht lernen, wo und wie man auf der Welt einfach und gut isst. Wo nur der Geschmack zählt, ganz ohne Firlefanz oder übersteigertem Perfektionismus. Einer dieser Orte ist für mich Bangkok. Der Khlong Lat Mayom, einer der bekannten schwimmenden Märkte,

Wahnsinn, wie lecker das aussieht: Chefkoch Sam Pang erklärt mir in Bangkok, wie man einen richtig guten Silver Pomfret (vorige Seite) und ein tolles Dessert (l.) zubereitet

Die Thais mögen's heiß! Offene Garküchen gibt es in Bangkok an so ziemlich jeder Straßenecke

ist für mich wie eine kulinarische Oase. Stellt Euch mal vor: Ihr gleitet auf einem alten Holzkahn übers Wasser, um Euch herum nur Natur, die Vögel zwitschern – und mit einem Schlag seid Ihr in einer anderen Welt. An beiden Seiten des Ufers drängen sich plötzlich dicht an dicht die Marktstände, schwer mit Bananen beladene Boote schieben sich an Eurem Kahn vorbei. In der Luft liegt das intensive Aroma frischer Gewürze und dampfender Currys. Ihr hört Stimmengewirr, das Klappern der Woks und kauft bei einem älteren Herrn eine frische Kokosnuss. Dann fährt der Kahn auch schon weiter. Ich komme mir vor wie in einem Schlitten in der Großstadt, der zum nächsten McDrive fährt – mit dem Unterschied, dass man hier das leckerste Pad Thai der Welt serviert bekommt. Ganz frisch auf einem Restaurant-Boot zubereitet. Und als Dank, dass wir dort einkaufen, bekomme ich sogar noch ein Bündel Bananen geschenkt. Auf dem Hamburger Wochenmarkt ist mir das noch nie passiert …

Später lasse ich mir an einem kleinen Stand auf einem der vielen Street-Food-Märkte erklären, wie das mit dem Pad Thai genau geht. Superspannend, wie die Standbetreiberin auf ihrem abgenutzten Wok richtig geiles Essen zubereitet. Blitzschnell werden Reisnudeln, Tofu, Zwiebeln, Knoblauch, Eier, Gemüse und Sauce im Wok zusammen angebraten, noch ein paar Garnelen dazu – und fertig ist eines der besten Mittagessen, die ich je gegessen habe. Dass ich mich dann

Proviant gepackt – jetzt kann's losgehen! Mit dem Hubschrauber machen wir uns auf zu einem Angelausflug in der Sierra Nevada. Bei bestem Wetter angeln wir fette Lachse, die wir später direkt am Ufer mit frischem Gemüse grillen. Was für ein Tag!

auch noch selbst am Pad Thai versuche – logisch. Und wisst Ihr was? Auch wenn es so scheint, dass man ganz viele Zutaten benötigt, ist es in Wirklichkeit ziemlich easy. Am Ende bekommen wir sogar Lob von den Einheimischen. Bei knapp 40 Grad und direkt neben dem brutzelnden Wok wird uns dabei nur so unfassbar heiß, dass wir uns selbst ein bisschen wie frittierte Garnelen vorkommen …

Auch meinem Kollegen Olaf läuft der Schweiß übers Gesicht, als er einige Tage später eine Tee-Plantage ganz im Norden Thailands besucht. Dort lebt das Bergvolk der Lisu unter sehr einfachen und ursprünglichen Verhältnissen. Sie zeigen Olaf, wie sie in Handarbeit Kleinstauflagen von Assam-Tee ernten – und das in knallender Hitze ohne Schatten. Viele der Arbeiterin-

nen schützen sich mit Ganzgesichtsmasken und langärmligen Kleidern vor der Sonne. Manche tragen sogar zwei Hüte, damit auch wirklich kein Sonnenstrahl hindurch geht. Nach einer halben Stunde ist unser Team kurz vorm Hitzschlag – und dann wird ein riesiger Wok angeworfen, um die frischen Blätter zu rösten. Damit nichts anbrennt, muss der Tee für eine Stunde kontinuierlich mit der Hand gewendet werden. Dann wird er langsam heruntergekühlt und noch mal für drei Tage gelagert. Aber ganz ehrlich: Dieser Aufwand lohnt sich wirklich! Olaf kann kaum glauben, wie groß der Unterschied zu herkömmlichen Tees ist. Bitterstoffe sind kaum wahrnehmbar, stattdessen hat dieser Assam nur eine leichte herbe und viele blumige Noten. Einfaches, gut gemacht – das ist etwas, worauf wir auch bei uns viel mehr Wert legen sollten. Wir jedenfalls wissen, woher wir zukünftig unseren Schwarztee beziehen.

In Bangkok treffe ich schließlich noch Sam Pang, einen der innovativsten Chefköche des Landes. Mit ihm darf ich Silver Pomfret zubereiten, einen der beliebtesten einheimischen Fische. Wahnsinn, mit wieviel Hingabe Sam diesen Fisch filetiert! Anschließend werden die Filets aufgerollt, im Bambuskörbchen gedämpft und mit Baby Pak Choi und frittierter Ananas serviert.

Simpel und mega lecker. So wie alles, was ich in Thailand probieren darf. Und das Tollste: diese Entspanntheit, mit der die Thailänder unterwegs sind. Ob im größten Gewusel auf dem Markt oder in der Hektik der Restaurantküche: Alle haben immer ein Lächeln auf den Lippen und sind unglaublich gastfreundlich. Da können sich viele bei uns daheim etwas abschauen.

SAT SAB

Knochenarbeit: Die Pommes-Presse im Hotel Martin sorgt für perfekt geformte Kartoffelschnitze – und richtig Muckis

USA: Back to the (beet)roots

Super gut gelaunt sind auch die Foodies, denen ich einige Monate später in Nevada begegne. Unsere erste Station ist das *Martin Hotel*, auf halber Strecke zwischen Salt Lake City und San Francisco. Kleine Warnung: Wer keinen Knoblauch mag, sollte das Hotel am besten weiträumig umfahren! Selbst für viele Knobi-Fans dürfte ein Besuch im *Martin* eine Grenzerfahrung sein. „The garlic is coming from the walls!", konstatiert Besitzer John Arant fröhlich, als wir den gemütlichen Gastraum betreten. Der Geruch haut einen im ersten Moment wirklich fast um. John aber serviert erst mal den Signature-Drink des Hauses: einen Cocktail Picon. Grenadine, Kräuter-und Orangenlikör, etwas Soda, Brandy und Eis und zum Schluss noch eine Zitronenscheibe. Mein erster Eindruck: eigenwillig. Mein zweiter: fürchterlich. Aber genau wie bei jedem anderen zweifelhaften Cocktail ist es ab dem dritten Glas ganz okay…

Mein Blick fällt auf ein Plakat über der Bar. Darauf ist ein sympathisch wirkender Mittfünfziger abgebildet, daneben der Spruch: „I don't usually drink Picons, but when I do, I black out!" Zum Glück bleibt mir dieses Schicksal erspart und wir ziehen weiter in die Küche, wo uns ein echtes Highlight erwartet. Das *Martin* ist bekannt für seine Lammkeulen, die – Ihr ahnt es schon – mit jeder Menge Knoblauch im Ofen schmoren. Nach einer Stunde kommt Gemüsebrühe an die Keulen, nach einer weiteren Stunde sind sie fertig. Zum Schluss gibt's noch mal eine große Ladung rohen Knoblauch obendrauf, dann wird serviert. Und ich sage Euch: Entgegen allen Befürchtungen sind das die besten Lammkeulen, die ich je in meinem Leben gegessen habe! Das Fleisch flutscht gerade so vom Knochen! Dazu gibt's die vielleicht besten Pommes Nevadas: Hand-cut fries, die in der Schale vorfrittiert werden. Lamm und Pommes – einfaches Soulfood, das satt und glücklich macht.

Auch pinkfarbene Waffeln sind seit meinem Ausflug nach Nevada nicht mehr aus meinem Leben wegzudenken. Bei einer Foodie-Tour durch Las Vegas futtere ich im *Therapy* zum ersten Mal Chicken Pink Waffles mit Ahornsirup. Allein beim Gedanken daran läuft mir das Wasser im Mund zusammen: goldbraune Waffeln, außen knusprig und innen wunderbar fluffig, mit Rote-Bete-Saft herrlich kitschig eingefärbt. Dazu ein saftiges Stück Hähnchen und die buttrige Karamellnote des Ahornsirups – a match made in heaven.

Richtig begeistert mich auch das *Fallon* im Westen Nevadas. Dort treffe ich Kelli Kelly von den Fallon Food Hubs, einer Mischung aus Lernort, Markt und Vertriebszentrum für Landwirte. Mitten in der Wüste baut Kelli biologisches Obst und Gemüse an. „Wir möchten über die Vorteile einer gesunden Ernährung aufklären, um eine florierende lokale Foodie-Szene zu schaffen", erklärt mir Kelli – und nimmt uns mit raus aufs Feld. Zum ersten Mal in meinem Leben darf ich grünen Spargel ernten, dazu Rhabarber und Rote Bete. Diese Farbe! Ich finde ja, dass Rote Bete sowieso zu den am meisten unterschätzten Gemüsesorten gehört.

In der Food-Hub-Küche reibt Kelli die geschälten Bete einfach mit ein bisschen Olivenöl, Salz und Pfeffer ein, deckt sie mit Alufolie ab und gibt sie für 45 Minuten in den Ofen. Anschließend viertelt sie die Bete und ser-

Say cheese! Sage und schreibe 100 000 Käselaibe lagern in diesem Reifekeller der Schweizer Firma Mifroma SA

viert sie mit Linsensalat und einer Meerrettich-Crème-fraîche-Sauce. Fantastisch! Der erdige Geschmack der Bete, die Frische des Salats und die leichte Schärfe der Sauce – eine geniale Kombination! Merke: Es muss nicht immer Fleisch sein. Richtig zubereitet und mit Verwendung bester Zutaten, steht ein vegetarisches Menü einem fleischhaltigen in keinster Weise nach.
Den grünen Spargel kocht Kelli mit frischen Pilzen zu einer feinen Suppe ein, die original wie bei meiner Mutter schmeckt – und das ist das höchste Kompliment, das ich jemandem machen kann. Ihr Meisterwerk aber hebt Kelli sich für den Nachtisch auf. „Schau mal", sagt sie und zeigt mir eine Schüssel mit klein geschnittenem Fenchel, den sie mit Zimt und Zucker eingekocht hat. Allein schon die Idee ist der Hammer. Nie wäre es mir eingefallen, Fenchel zum Nachtisch zu servieren. Kelli mischt das Gemüse mit Rhabarber und backt daraus ein umwerfend köstliches Crumble. Ich sag's euch: Da kann jeder Apfelkuchen einpacken.

Schweiz: Mit Laib und Seele

Nach meiner Rückkehr aus den USA will ich mehr zur Herstellung qualitativ hochwertiger Lebensmitteln erfahren. Diesmal allerdings geht es mir nicht ums Gemüse, sondern um Käse. Und wo könnte man das Geheimnis eines richtig guten Käses wohl besser ergründen als in der Schweiz? Bereits als Teenager habe ich das Land kennen- und lieben gelernt, nachdem ich mich einfach ins Blaue hinein bei einem Hotel in Leukerbad als Saisonkraft beworben hatte. Ganz klassisch mit Bewerbungsmappe, Telefonat und Vorstellungsgespräch, wie man das damals noch gemacht hat. Kurze Zeit später haben mich meine Eltern mit zwei Koffern zum Nachtzug Richtung Wallis gebracht.

Herrliche Aussicht beim Wandern, Olivier Esler serviert mir Tete de Moine, Theo Zbinden präsentiert stolz seinen Emmentaler, und ein Bauer liefert Milch zur Fromagerie de Mezieres im Kanton Freiburg

Gasthaus Aescher - Wildkirchli

Ist das nicht schön? Das traumhaft gelegene Berggasthaus Aescher-Wildkirchli findet Ihr im Schweizer Kanton Appenzell

Eine Reise in Ungewisse, ein echtes Abenteuer.
In der Schweiz habe ich gelernt, wie man ein Lammfilet auf 2200 Metern zubereiten muss, weil der Geschmack sich in der Höhe total ändert. Man kennt das ja vom Flugzeug, wo der Tomatensaft plötzlich auch ganz anders schmeckt. Bei den Eidgenossen hab' ich auch viel mit regionalen Schweizer Lebensmitteln gearbeitet – von Walliser Speck über Bündner Fleisch und Rösti bis hin zu süßen und pikanten Maronen. Eine sensationelle Küche! Dazu haben die Schweizer so eine spezielle Art an sich, die ich bis heute mag. Landschaftlich hat für mich nur Kolumbien noch mehr zu bieten. Auch heute noch bin ich daher mindestens einmal im Jahr in den Bergen, und Schweizer Käsefondue koche ich mittlerweile im Schlaf. Ganz wichtig: das Gläschen Kirschwasser und ein Teelöffel geschlagene Sahne zum Schluss!

Bei unserem jüngsten Besuch in der Schweiz lassen wir uns zeigen, wie Appenzeller Käse, Emmentaler, Tête de Moine und Gruyère hergestellt werden. Meine erste Erkenntnis: Käseherstellung ist nichts für Weicheier. Pünktlich zum Beginn der Milchanlieferung um 5 Uhr morgens stehen wir schon auf der Matte und begleiten den kompletten Tagesablauf. Eine ganz schön harte Reise, aber auch unglaublich lehrreich. Mit wieviel Liebe und Hingabe die Menschen sich um ihre Käselaibe kümmern! Wahnsinn! Nehmen wir mal den Appenzeller. Um 44 Laibe herzustellen, benötigt man unglaubliche 2800 Liter Milch. Sobald die Milchmasse durch die Zugabe von Lab fest wird, wird sie von Hand in kleine Würfel zerschnitten und in Formen gepresst. Anschließend geht es in den Keller, wo der Käse drei bis acht Monate lagert und dabei täglich mit einer Kräutersulz eingerieben wird. Was am Ende dabei herauskommt, ist für mich geschmacklich fast nicht mehr zu toppen. Ein Stück würziger Appenzeller, serviert mit frischen Trauben, Walnüssen und einer Scheibe Bauernbrot – mehr braucht's nicht, um glücklich zu sein. Beeindruckt bin ich auch von Käser Theo aus Oberbütschel und seiner akustischen Qualitätskontrolle. Durch Klopfen mit einem kleinen Hammer erkennt er, wie viele Wochen jeder seiner Emmentaler-Laibe noch bis zur Vollendung lagern muss. Und dann Nicolas und seine Fromagerie de Mézières: Er bezieht die Milch für seinen Gruyère aus einem Umkreis von nur zwei Kilometern, um die Transportwege so gering wie möglich zu halten.
Zum Schluss informiere ich mich im Jura noch über einen ganz speziellen Käse: den Tête de Moine. Was ihn so besonders macht? Man schneidet ihn traditionellerweise nicht einfach ab, sondern dreht ihn mithilfe einer sogenannten Girolle zu fein-würzigen Käseblüten. Angeblich geht diese Tradition auf Schweizer Mönche zurück, die früher heimlich die Käseoberfläche abgeschabt haben sollen, damit keiner merkt, dass etwas fehlt. So erklärt es mir zumindest Käseexperte Olivier. Mein Tipp: Gebt ein paar dieser Käseblüten auf eine Scheibe getoastetes Brot, garniert das Ganze mit Feigen und Walnüssen – eine unschlagbare Kombination. Nach meiner Woche in der Schweiz verstehe ich, warum dort alles so gut schmeckt. Das Geheimnis ist die tiefe Verbundenheit zu den Lebensmitteln. Das macht die Produkte so einzigartig. Und wenn man diese Zu-

sammenhänge versteht, ist man auch bereit, für ein gutes Produkt etwas mehr Geld auszugeben.

Costa Rica: Schlaraffenland für Foodies

Lokale Produkte bevorzugen, die ohne große Umwege direkt auf dem Tisch landen: Auch in Costa Rica haben sich immer mehr Köche diesem Credo verschrieben. Einer davon ist José Gonzáles, der in San José das innovative Farm-to-Table-Restaurant *Al Mercat* betreibt. Sein Ziel: Menschen für nachhaltige und vegetarische Ernährung zu begeistern. „Wir haben so viel unglaublich gutes Gemüse hier, aber die meisten Einwohner essen Reis und Bohnen mit Fleisch und Fisch", erzählt mir José, der selbst vegetarisch lebt. Das will ich mir genauer anschauen und mache mich mit José auf zum größten Bauernmarkt Costa Ricas – der praktischerweise keine 5 Minuten vom Restaurant entfernt liegt. José kauft und verkauft hier gerne regionale Produkte und liebt es, sich von frischen Zutaten inspirieren zu lassen. Beim Schlendern und Probieren merkt man schnell, wie leidenschaftlich José bei der Sache ist. Überall bleibt er stehen, zeigt mir neue und teils unbekannte Früchte, Wurzelgemüse und allerhand Grünzeug. Zu jedem Produkt hat er eine Geschichte parat und freut sich wie ein kleines Kind, sie mit mir teilen zu dürfen.

Zum Glück hat der Typ sein Studium geschmissen und ist seinem Bauchgefühl gefolgt! Denn ursprünglich wollte José Anwalt werden. Irgendwann aber stellte er fest, dass seine Leidenschaft nicht irgendwelche Paragrafen, sondern Essen, frische Produkte und glückliche Gäste sind. Also ging er für fünf Jahre nach Paris, um Kochen zu lernen. Nach ein paar weiteren Jahren in den verschiedensten Küchen Europas zog es ihn zurück in seine geliebte Heimat. All das erzählt er mir, während wir zum Anwesen seiner Familie unterwegs sind. Das Grundstück mit Farm und Finca liegt mitten in San José und ist keine 20 Fahrminuten vom Restaurant entfernt. Die ganze Familie baut hier für befreundete Restaurants, für den Markt und ausgesuchte Supermärkte Gemüse und Kräuter an. Mit einem großen Korb ziehen wir los und sammeln alles, was unser Herz begehrt. Rote Bete, weiße Auberginen, Bananen, Erbsen, Mini-Gurken, Tomaten, Knoblauch, Zucchini, Fenchelkraut, Sellerie, Anis, Chili. Dazu zaubert José noch ein paar vorbereitete Zutaten wie in Curry geröstete Erdnüsse, karamellisierte Kakaobohnen und Kokosnuss-Mayonnaise hervor. Leute: Das ist hier wie im Schlaraffenland!

Irgendwann schiebt José einen kleinen Grill ins Gewächshaus und meint: „Mehr brauchen wir heute nicht!" Als Nächstes schnibbeln wir alle Zutaten klein, selbst die Mini-Gurken wandern für vier Minuten auf den Grill. Ein Biss, und mir wird klar: Gurke grill ich in Zukunft öfter! Auch an die Fleischesser unter uns denkt José und bringt feine Würstchen vom Schwein mit, die er mit Austern und Gemüse serviert. In seinem Restaurant bietet er neben der großen Vielfalt an Früchten, Gemüse und Kräutern auch Gerichte mit Rind, Schwein und Meeresfrüchten an. „Ich beziehe mein Fleisch nur von Bauern, die ich kenne. Das ist zwar in Costa Rica momentan noch sehr schwierig, aber nur so kann ich das Fleisch guten Gewissens anbieten." Eine Platano – eine Art Banane, nur mit mehr Stärke – grillt er direkt auf der Glut und kombiniert sie mit Karamellsauce, gerösteter Kakaobohne und Anisblättchen. Eindeutig das verrückteste Gericht, das ich

Surf and Turf à la Costa Rica, Postkartenmotiv am Strand, ich mache mich über Josés gegrillte Bananen her und bekomme einen super Fischteller serviert

je auf Reisen gegessen habe! Crazy, abgefahren, aber auch mega interessant.
Später serviert José uns noch einen Cracker aus Mais mit Kokosnuss-Mayo und einem lauwarmen Zucchinisalat mit Basilikum. Das nächste Highlight: lauwarme, in Mandarinen-Limetten-Saft marinierte Rote Bete mit gerösteten Curry-Erdnüssen und Koriander. Was für eine Wucht! Simpel, kreativ und unfassbar gut. Mehr geht einfach nicht! Solltet Ihr jemals in San José sein, besucht José unbedingt in seinem Restaurant oder bucht eine Führung auf seiner Finca!

Ähnlich spektakulär, aber ganz anders: unser Hochsee-Angelausflug am nächsten Tag, bei dem wir eine Mahi-Mahi fangen, die Goldmakrele direkt auf dem Boot filetieren und anschließend in einem nahegelegenen Fischrestaurant zubereiten. Eines der leckersten Ceviches meines Lebens! In Erinnerung bleibt mir auch das Kochen bei einem der letzten indigenen Völker Costa Ricas. Ich darf in der Küche kochen, die normalerweise der Mama vorbehalten ist. Gemeinsam mit ihr verarbeite ich Maniok und trinke abends selbstgebrauten Schnaps aus Colaflaschen. Dass ich daran nicht erblindet bin, wundert mich heute noch.

Und so endet meine vorerst letzte Foodie-Reise so, wie sie begann: mit unvergesslichen kulinarischen Erlebnissen und Begegnungen mit Menschen, die mich bis heute prägen. Mit den schnellen, einfachen und günstigen Gerichten in diesem Buch will ich Euch dazu einladen, mir auf diese kulinarische Reise rund um den Globus zu folgen – zu Hause in Eurer Küche. Denn: Ob Asia-Nudeln, Orzotto, Couscous-Salat oder Ajvar-Pizza: Die Welt bietet unzählige Aromen und Geschmacksrichtungen, die es nur zu entdecken gilt. Ich wünsche Euch eine gute und vor allem leckere Reise!

Und Action! Mitten im Dschungel Costa Ricas darf ich bei einem der letzten indigenen Völker des Landes kochen und drehen. Für mich eine Riesenehre

MEIN TIPP

Hanföl hat einen nussigen Geschmack und eine sehr gute Fettsäurenzusammensetzung. Es kann aber auch durch neutraleres Speiseöl oder Olivenöl ersetzt werden.

„Wir pimpen Omas Erbsensuppe! Mit feinem Mandelmus und fancy Vanille-Fenchel wird daraus unsere neue vegane Leibspeise"

FEINE ERBSENSUPPE MIT HANFÖL UND VANILLE-FENCHEL

FÜR 2 PERSONEN | 35 MINUTEN | VEGAN

EINKAUFSLISTE

1	Schalotte
1	Knoblauchzehe
3 EL	Hanföl
400 g	Erbsen, TK
1 EL	Mandelmus, weiß
	Salz und Pfeffer
1 Prise	Muskatnuss, gerieben
500 g	Fenchel
1	Vanilleschote
½ TL	Cayennepfeffer, gemahlen
1 EL	Schwarzkümmel
5	Stiele Kerbel

Für die Erbsensuppe Schalotte und Knoblauch schälen und fein würfeln. 1 EL Hanföl in einem Topf erhitzen, Zwiebel und Knoblauch darin etwa 1 Minute anschwitzen. Erbsen dazugeben, mit 600 ml Wasser aufgießen und 8 Minuten bei mittlerer Hitze köcheln lassen.

Mandelmus zur Suppe geben und mit Salz, Pfeffer und Muskat würzen. Suppe in einen Standmixer geben und fein mixen.

Den Fenchel waschen, halbieren, den Strunk entfernen und der Länge nach in Streifen schneiden. 2 EL Hanföl in einer Pfanne erhitzen, Fenchel dazugeben und leicht salzen. Vanilleschote der Länge nach halbieren, Vanillemark auskratzen und mit Cayennepfeffer und Schwarzkümmel zum Fenchel geben. Fenchel etwa 10 Minuten bei mittlerer Hitze abgedeckt schmoren.

Kerbel waschen, vom Strunk zupfen und kurz vor dem Anrichten zum Fenchel geben. Suppe in eine Schüssel geben und Fenchel als Einlage dazu servieren.

UTENSILIEN

Küchenwaage | Messer | Schneidebrett Topf | Reibe | Standmixer | Pfanne mit Deckel

„Dieses tolle Herbstgericht habe ich in der Ausbildung kennengelernt. Der knackig-geröstete Mohn passt top zur cremigen Suppe"

KÜRBISSUPPE MIT MOHN UND SCHMAND

FÜR 2 PERSONEN | 40 MINUTEN | VEGETARISCH

EINKAUFSLISTE

1	Zwiebel
1	Knoblauchzehe
300 g	Hokkaido-Kürbis
2	Möhren
2 EL	Olivenöl
750 ml	Gemüsebrühe
2 EL	Mohnsamen
3 EL	Schmand (24 % Fett)
	Salz und Pfeffer
2	Stiele Oregano

Zwiebel schälen und würfeln. Knoblauch schälen und in Scheiben schneiden. Kürbis waschen, halbieren und Kerngehäuse entfernen. Fruchtfleisch grob würfeln. Möhren schälen und ebenfalls grob würfeln.

Öl in einem Topf erhitzen. Zwiebeln und Knoblauch darin glasig dünsten. Kürbis und Möhren zugeben und 5 Minuten anbraten. Mit Brühe ablöschen und bei geschlossenem Deckel 25 Minuten köcheln lassen.

In der Zwischenzeit Mohn in einer Pfanne ohne Fett rösten. Schmand glatt rühren und mit Salz und Pfeffer würzen. Oregano waschen, trocken schütteln und Blätter von den Stielen zupfen.

Suppe pürieren und mit Salz und Pfeffer abschmecken. Mit Schmand und Mohn anrichten und mit Oregano garnieren.

UTENSILIEN

Messer | Brett | Herd | Topf | Pfanne
Schneebesen | Pürierstab

MEIN TIPP

Pürierstab oder Standmixer? Völlig egal: Suppen könnt Ihr mit beiden Utensilien problemlos zubereiten.

MEIN TIPP

Wer kein Soja verträgt, lässt den Dip weg und kann die Auberginen stattdessen mit Ras el-Hanout und Olivenöl bestreichen.

„Dieses Low-Carb-Gericht habe ich in Tim Mälzers Off Club entdeckt und direkt auf unserem Kanal nachgekocht. Einfach Bombe!“

GEBACKENE AUBERGINE MIT KICHERERBSEN

FÜR 2 PERSONEN | 40 MINUTEN | VEGAN

EINKAUFSLISTE

1	große Aubergine
2	Knoblauchzehen
35 ml	Olivenöl
	Salz und Pfeffer
1	Zwiebel, rot
½	Salatgurke
2	Tomaten
1	Frühlingszwiebel
½	Dose Kichererbsen
½	Bio-Limette
2	Stiele Minze
2 EL	Sweet Chili Sauce
1 EL	Sojasauce

Backofen auf 200 Grad Ober-/Unterhitze oder 175 Grad Umluft vorheizen. Die Aubergine waschen und der Länge nach halbieren. In die Schnittfläche 1 cm große Quadrate einritzen. Knoblauch schälen, in feine Scheiben schneiden und gleichmäßig in die Zwischenräume der Auberginen stecken. Mit 2 EL Olivenöl beträufeln und mit Salz und Pfeffer würzen.

Auberginen mit der Schnittfläche nach oben auf ein mit Backpapier ausgelegtes Backblech legen und auf mittlerer Schiene 20 Minuten backen.

Zwiebel schälen und in feine Würfel schneiden. Gurke und Tomaten waschen, trocknen, Tomaten entstrunken und jeweils würfeln. Frühlingszwiebel waschen, trocken schütteln und in feine Ringe schneiden. Kichererbsen abgießen und gut abtropfen lassen. Vorbereitete Zutaten in einer Schüssel miteinander mischen.

Limette mit heißem Wasser waschen und abtrocknen. Schale fein abreiben und Saft auspressen. Minze waschen, trocken schütteln, Blätter abzupfen und grob hacken. Limettensaft und -abrieb mit der Minze zum Salat geben. Mit restlichem Olivenöl, Salz und Pfeffer würzen.

Chilisauce und Sojasauce verrühren und zusammen mit Aubergine und Salat anrichten.

UTENSILIEN

Backofen | Brett | Messer | Sieb
Schüssel | Reibe | Saftpresse

„Alle lieben Hummus – aber habt Ihr schon mal was von Fava gehört? Seit meiner Kreta-Reise ist der cremige Dip aus meiner Küche nicht mehr wegzudenken. Lecker & gesund!“

FAVA MIT ZWIEBELN

FÜR 2 PERSONEN | 50 MINUTEN | VEGAN

EINKAUFSLISTE

250 g	Fava (gelbe Erbsen)
1	Zwiebel
1	Zitrone
100 ml	Olivenöl
	Salz

Gelbe Erbsen in einer Schüssel mit Wasser bedeckt 24 Stunden einweichen. Anschließend abtropfen, kalt abspülen und mit Wasser bedeckt in einem Topf aufkochen. Dabei den entstehenden Schaum abschöpfen.

Erbsen bei geringer Hitze abgedeckt etwa 45 Minuten köcheln lassen. Anschließend mit einer Gabel zerdrücken.

Zwiebel schälen und grob würfeln. Zitrone halbieren. Fava mit Zwiebel, der Zitronenhälfte, Olivenöl und Salz servieren. Dazu passt Fladenbrot oder Baguette.

UTENSILIEN

Schüssel | Sieb | Herd | Topf | Gabel

MEIN TIPP

Fava wird traditionell am Tisch je nach Geschmack gewürzt. Dazu empfehlen wir Brot, Oliven und Schafskäse.

MEIN TIPP

Artischocken sind gar, sobald die äußeren Blätter sich leicht lösen lassen.

„Lust auf ein Gericht mit ganz wenigen Zutaten, das trotzdem beeindruckt? Bitte sehr: Diese griechische Spezialität ist wunderbar leicht und erfrischend – ideal für den Sommer"

ARTISCHOCKEN MIT ZITRONEN-OLIVENÖL

FÜR 2 PERSONEN | 35 MINUTEN | VEGAN

EINKAUFSLISTE

2	Artischocken
	Salz
½	Zitrone
20 ml	Olivenöl
50 g	gemischte Oliven, entsteint

Artischocken abspülen und Stiele abbrechen. In einem großen Topf 3 Liter Wasser aufkochen, salzen und Artischocken darin etwa 30 Minuten garen.

Zitrone auspressen. Zitronensaft mit Olivenöl verrühren und mit Salz abschmecken. Oliven abtropfen und unter das Öl rühren. Artischocken aus dem Wasser nehmen und heiß mit dem Zitronen-Olivenöl servieren.

UTENSILIEN

Herd | großer Topf | Messer | Brett
Schüssel | Schaumkelle

MEIN TIPP

Wir empfehlen zum Braten ein spezielles Brat-Olivenöl, das Ihr bis 250 Grad bedenkenlos erhitzen könnt.

„So habt Ihr Gyros noch nie gefuttert! In Pilze gefüllt und mit Ziegenkäse überbacken – eine leckere Alternative zum Fladenbrot"

GEFÜLLTE PORTOBELLO-PILZE MIT GYROS UND ZIEGENKÄSE

FÜR 2 PERSONEN | 40 MINUTEN | MIT FLEISCH

EINKAUFSLISTE

160 g	Hähnchenbrustfilet
2	Knoblauchzehen
2	Zwiebeln
1	Chilischote, rot
2	Portobello-Pilze
4 EL	Olivenöl
½ TL	Oregano, getrocknet
	Salz und Pfeffer
50 g	Ziegenkäse, gerieben
100 g	Tzatziki

Hähnchenbrust kalt abspülen, trocken tupfen und in Streifen schneiden. Knoblauch schälen und klein hacken. Zwiebeln schälen, halbieren und in dünne Streifen schneiden. Chili waschen, der Länge nach halbieren und Kerne entfernen. Fruchtfleisch in Streifen schneiden. Pilze putzen und das Innere mit einem Löffel auskratzen.

Hähnchen, Knoblauch, Zwiebeln, Chili und das Innere der Portobellos mit Olivenöl vermengen. Mit Oregano, Salz und Pfeffer würzen.

Backofen auf 200 Grad Ober-/Unterhitze oder 175 Grad Umluft vorheizen. Gyros in einer Pfanne rundherum etwa 5 Minuten anbraten.

Portobellos auf ein mit Backpapier ausgelegtes Backblech legen und mit Hähnchen-Gyros füllen. Mit Ziegenkäse bestreuen und auf mittlerer Schiene im Ofen etwa 10 Minuten backen. Mit Tzatziki servieren.

UTENSILIEN

Küchenpapier | Messer | Brett | Löffel
Schüssel | Backofen | Herd | Pfanne
Backblech | Backpapier

MEIN TIPP

Statt Lamm könnt Ihr auch ganz klassisch Rinderhackfleisch verwenden.

„Saftiges Hackfleisch, krümeliger Feta und würziges Tzatziki: Für mich ist dieser Burger besser als jedes Fast Food. Zum Reinlegen!“

GRIECHISCHER BURGER MIT FETA UND TZATZIKI

FÜR 2 PERSONEN | 40 MINUTEN | MIT FLEISCH

EINKAUFSLISTE

1	Zwiebel, rot
300 g	Lammhackfleisch
1 Prise	Zimt, gemahlen
¼ TL	Kreuzkümmel
30 g	Feta
	Salz und Pfeffer
3 EL	Olivenöl
2	Peperoni, mild, aus dem Glas
2	Stiele Minze
2	Pita-Brote
6 EL	Tzatziki

Zwiebel schälen und in Ringe schneiden. Hackfleisch, Zimt, Kreuzkümmel und Feta in einer Schüssel vermengen und mit Salz und Pfeffer würzen. Hackmasse zu Burger-Pattys formen.

1 EL Öl in einer Pfanne erhitzen, Zwiebelringe darin etwa 5 Minuten braten und beiseitestellen. Restliches Öl in der Pfanne erhitzen und Burger-Pattys darin von beiden Seite etwa 4 Minuten braten.

Backofen auf 220 Grad Ober-/Unterhitze oder 195 Grad Umluft vorheizen. Peperoni abtropfen und klein schneiden. Minze waschen und trocken schütteln. Pita-Brote aufschneiden und auf mittlerer Schiene im Ofen 4 Minuten erwärmen.

Untere Pita-Hälften jeweils mit 3 EL Tzatziki bestreichen und mit Patty, Zwiebeln, Peperoni und Minze belegen.

UTENSILIEN

Pfanne | Schüssel | Schneidebrett
Messer

„Für einen veganen Burger braucht es keine Fleischersatzprodukte – wir machen unsere Pattys einfach selbst. Simpel, günstig, gut!"

VEGANER TOMATEN-BURGER

FÜR 2 PERSONEN | 30 MINUTEN | VEGAN

EINKAUFSLISTE

½	Knoblauchzehe
2	Stiele Thymian
125 g	Kidneybohnen aus der Dose
¼ TL	Koriandersamen
¼ TL	Fenchelsamen
½ EL	Tomatenmark
	Salz und Pfeffer
10 g	Haferflocken
15 g	Dinkelgrieß
2	Ochsenherz-tomaten
2	Blätter Römersalat
½	rote Zwiebel
½ TL	Balsamico-Essig, hell
2 EL	Olivenöl
2	Scheiben veganer Käse
2 EL	vegane Mayonnaise

Für die Kidneybohnen-Pattys Knoblauch schälen und grob klein schneiden, Thymian waschen, trocken schütteln und vom Stiel zupfen. Kidneybohnen unter fließendem Wasser abspülen und in einem Sieb abtropfen lassen. Knoblauch, Kidneybohnen, Koriandersamen, Fenchelsamen, Thymian und Tomatenmark in ein hohes Gefäß geben und kräftig mit Salz und Pfeffer würzen. Mit einem Stabmixer fein pürieren, Haferflocken und Dinkelgrieß untermengen und 15 Minuten quellen lassen.

In der Zwischenzeit für den Burger den Backofengrill vorheizen. Ochsenherztomaten und Römersalat waschen und abtropfen lassen. Tomaten quer halbieren. Tomatenhälften mit der Schnittfläche nach oben aufs Blech legen und kräftig mit Salz und Pfeffer würzen. Tomaten etwa 3 Minuten im Ofen grillen. Zwiebel schälen, in dünne Scheiben schneiden und in einer Schüssel mit hellem Balsamico marinieren.

Aus der Kidneybohnen-Masse 2 Burger-Pattys formen und mithilfe einer Burgerpresse oder eines Ausstechrings in Form drücken. Olivenöl in einer Pfanne erhitzen und Pattys darin von jeder Seite etwa 4 Minuten braten. Kurz vor Ende des Bratens mit Käse belegen und auf dem Patty schmelzen lassen.

Tomatenhälften mit veganer Mayonnaise, Salat, Kidneybohnen-Patty, Käse und Zwiebelscheiben belegen und servieren.

UTENSILIEN

Messer | Schneidebrett | hohes Gefäß
Stabmixer | Backofen | Backblech
Ausstechring oder Burgerpresse
Schüssel | Pfanne | Pfannenwender

MEIN TIPP

Käse direkt auf das Patty in der Pfanne legen, damit er perfekt schmilzt. Die vegane Mayo könnt Ihr auch einfach selbst machen – z. B. aus Kichererbsenwasser! Der QR-Code bringt Euch zum Rezept:

„Der beste Beweis dafür, dass man auch zu Hause wie beim Asiaten kochen kann – lecker, günstig und ganz ohne Zusatzstoffe“

ASIA-NUDELN MIT HÄHNCHEN

FÜR 2 PERSONEN | 45 MINUTEN | MIT FLEISCH

EINKAUFSLISTE

300 g	Hähnchenbrustfilet
100 ml	Sojasauce
50 ml	Fischsauce
½ TL	5-Spice-Gewürz
100 ml	Geflügelbrühe
1 EL	Honig
100 g	Mie-Nudeln
4 EL	Sesamöl
100 g	Pak Choi
60 g	Möhren
1	Frühlingszwiebel
80 g	Zuckerschoten
1	Zwiebel
1	Knoblauchzehe
1 TL	Speisestärke
	Salz

Hähnchenbrustfilet kalt abspülen, trocken tupfen und in 2 x 2 cm große Würfel schneiden. Sojasauce, Fischsauce, 5-Spice-Gewürz, Brühe und Honig in einer Schüssel verrühren. Hähnchenwürfel dazu geben und 20 Minuten ziehen lassen.

Nudeln nach Packungsangabe zubereiten. Mit der Hälfte des Sesamöls vermengen und beiseitestellen. Pak Choi, Möhren, Frühlingszwiebel und Zuckerschoten waschen und trocknen.

Pak Choi putzen und in grobe Stücke schneiden. Möhren schälen und in Stifte schneiden. Frühlingszwiebel in feine Ringe schneiden. Zuckerschoten in Streifen schneiden. Zwiebel und Knoblauch schälen und fein hacken.

Restliches Sesamöl in einem Wok erhitzen, Hähnchenwürfel rundherum 5 Minuten anbraten, herausnehmen und beiseitestellen. Anschließend Zwiebel, Knoblauch, Pak Choi, Möhren und Zuckerschoten 4 Minuten braten. Nudeln zugeben, mit der Marinade aufgießen und aufkochen lassen. Speisestärke mit etwas Wasser anrühren, unter Rühren in die Sauce geben und 5 Minuten köcheln lassen. Hähnchen und Frühlingszwiebel zugeben, kurz erhitzen und nach Belieben mit Salz abschmecken.

UTENSILIEN

Messer | Brett | Schüssel
Sparschäler | Wok

MEIN TIPP

Ihr mögt's lieber vegetarisch? Dann probiert doch mal unsere Mie-Nudeln mit Asia-Gemüse – hier lang:

„Grünkohl passt zu viel mehr als nur Pinkel! Ich liebe ihn im Pesto zu Spaghetti – und mit gebratener Kohlwurst wird's richtig fett!"

SPAGHETTI MIT GRÜNKOHLPESTO UND WURST

FÜR 2 PERSONEN | 35 MINUTEN | MIT FLEISCH

EINKAUFSLISTE

250 g	Spaghetti
	Salz und Pfeffer
50 g	Cashewkerne
250 g	Kohlwürste
1	Zwiebel, rot
2	Knoblauchzehen
160 g	Grünkohl, frisch
50 ml	Olivenöl
50 g	Grana Padano

Spaghetti nach Packungsanweisung in Salzwasser al dente kochen. Die Cashewkerne in einer Pfanne ohne Fett anrösten.

Kohlwurst der Länge nach halbieren und in Halbmonde schneiden. Zwiebel und Knoblauch schälen. Zwiebel in Streifen schneiden. Grünkohl waschen, trockenschleudern und grob vom Strunk befreien.

Die Hälfte des Grünkohls mit Cashewkernen, Knoblauch und Olivenöl in ein hohes Gefäß geben. Mit dem Stabmixer pürieren, Grana Padano unterrühren und mit Salz abschmecken.

Kohlwürste mit Zwiebelstreifen und dem restlichen Grünkohl in einer weiteren Pfanne ohne Fett 4 Minuten braten und gelegentlich umrühren. Etwas Nudelwasser abschöpfen und zugeben, Spaghetti und Grünkohlpesto dazugeben und miteinander verrühren. Mit Pfeffer abschmecken.

UTENSILIEN

Küchenwaage | Topf | Herd | Pfannen
Messer | Schneidebrett | hohes Gefäß
Stabmixer

MEIN TIPP

Gebt etwas Nudelwasser in die Pfanne, um Eure Pasta auf die perfekte Konsistenz zu bringen.

MEIN TIPP

Wer es noch ein wenig gelber mag, gibt noch eine Prise Kurkuma an die Nudeln.

VEGANE MAC'N'CHEESE

FÜR 2 PERSONEN | 40 MINUTEN | VEGAN

„Mac'n'Cheese sind für mich das Wohlfühlgericht, wenn es draußen kalt und ungemütlich ist. Irgendwann wollte ich wissen: Kriegt man die Nudeln eigentlich auch vegan so schön schlotzig hin? Mit dieser Variante ist uns das meiner Meinung nach richtig gut gelungen. Die Hefeflocken sorgen für einen würzig-herzhaften Geschmack, Cashewkerne und Tahini für die Cremigkeit – für mich stehen diese Mac'n'Cheese dem Original in nichts nach"

EINKAUFSLISTE

50 g	Cashewkerne
250 g	Makkaroni, kurz
1 TL	Dijon-Senf
½ TL	Salz
½ TL	Knoblauchpulver
½	Zitrone
125 ml	Sojadrink
2 EL	Hefeflocken
1 EL	Tahini
115 g	veganer Cheddar, gerieben
	Pfeffer

Cashewkerne in heißem Wasser 15 Minuten einweichen. Makkaroni, Senf, Salz, Knoblauchpulver und 700 ml Wasser in einem großen Topf zum Kochen bringen. Unter gelegentlichem Rühren 8 Minuten al dente kochen lassen, bis die Flüssigkeit fast vollständig verkocht ist.

Zitrone auspressen. Sojadrink, Hefeflocken, Zitronensaft, Tahini und Cashewkerne in einen Standmixer geben und fein pürieren. Pürierte Masse und Cheddar zu den Makkaroni geben und unter Rühren so lange auf niedrigster Stufe erhitzen, bis der Käse vollständig geschmolzen ist.

Mac'n'Cheese mit Salz und Pfeffer abschmecken und servieren.

UTENSILIEN

Küchenwaage | großer Topf | Herd
Kochlöffel | Schneidebrett | Messer
Saftpresse | Standmixer

„Auf diese Idee bin ich vor vielen Jahren gekommen, als es in der Kantine meines damaligen Chefs wieder nichts Leckeres gab. Perfekt für Partys – oder den Tag danach!"

PIZZASCHNECKEN-ZUPFBROT MIT ZWEIERLEI PESTO

FÜR 2 PERSONEN | 60 MINUTEN | VEGETARISCH

EINKAUFSLISTE

10 g	Hefe, frisch
1 TL	Zucker
7 EL	Olivenöl
200 g	Mehl, Type 00
	Weizenmehl, für die Arbeitsfläche
10	Stiele Basilikum
5	Stiele Petersilie, glatt
2	Knoblauchzehen
	Salz und Pfeffer
100 g	Tomaten, getrocknet, in Öl
20 g	Parmesan, gerieben
200 g	Mozzarella, gerieben

Für den Teig 100 ml lauwarmes Wasser, Hefe und Zucker in einer Schüssel verrühren. 4 EL Olivenöl, Mehl und Salz dazu geben und zu einem elastischen Teig kneten. Teig abgedeckt 30 Minuten gehen lassen.

In der Zwischenzeit das Pesto verde zubereiten. Dafür Basilikum und Petersilie waschen und klein schneiden. 1 Knoblauchzehe schälen und grob hacken. Kräuter, Knoblauch und das restliche Olivenöl in ein hohes Gefäß geben und mit dem Stabmixer pürieren. Mit Salz und Pfeffer abschmecken.

Für das Pesto rosso die getrockneten Tomaten etwas abtropfen lassen und klein schneiden. Die zweite Knoblauchzehe schälen und grob hacken. Knoblauch und Tomaten in ein hohes Gefäß geben und mit einem Stabmixer pürieren. Mit Salz, Pfeffer und Parmesan abschmecken.

Teig nochmals durchkneten, halbieren und auf einer bemehlten Fläche etwa 3 mm dick ausrollen – idealerweise zu länglichen Bahnen à etwa 15 x 40 cm. Jeweils eine Teigbahn mit einem Pesto einstreichen. Mozzarella darauf verteilen und die Teige der Länge nach einrollen. In 3 cm breite Stücke schneiden.

Backofen auf 220 Grad vorheizen. Pizzaschnecken mit der Schnittkante nach oben und eng aneinander in eine mit Backpapier ausgelegte runde Auflauf- oder Kuchenform stellen. Auf mittlerer Schiene 20 Minuten backen. Nach Belieben mit frischen Kräutern garnieren und servieren.

UTENSILIEN

Schüssel | Messer | Schneidebrett
Gefäß, hoch | Stabmixer | Nudelholz
Backofen | Auflaufform (ø 24 cm)
Backform (ø 24 cm)

MEIN TIPP

Das Pesto sollte relativ fest und nicht zu ölig sein, damit die Pizzaschnecken gut halten. Lecker sind auch unsere Pizzabrötchen. Schon probiert? Hier geht's lang:

MEIN TIPP

Anstelle von Mortadella könnt Ihr gerne auch Parmaschinken verwenden.

„In Paris habe ich mal eine Pizza mit Pfirsich und Mortadella gegessen. Dieser Mix aus süß und herzhaft war so genial, dass er mich zu dieser Mini-Pizza inspiriert hat. Probieren!"

MINI-PIZZA MIT KÄSERAND, BURRATA UND MORTADELLA

FÜR 2 PERSONEN | 35 MINUTEN | MIT FLEISCH

EINKAUFSLISTE

4	Aprikosen
20 g	Rucola
½	Zwiebel, rot
550 g	XXL-Pizzateig, aus dem Kühlregal
60 g	Mozzarella, gerieben
100 g	Crème fraîche
1 EL	Olivenöl
4	Scheiben Mortadella
150 g	Burrata
	Salz und Pfeffer

Aprikosen und Rucola waschen. Aprikosen halbieren, entkernen und in Ringe schneiden. Rucola trocken schleudern und in mundgerechte Stücke schneiden. Zwiebel schälen und in feine Streifen schneiden.

Backofen auf 220 Grad vorheizen. Teig in 4 gleich große Stücke schneiden. Die Ränder des Pizzateigs ringsherum mit Käse bestreuen, die Enden über den Käse klappen und eng zusammendrücken. Jede Pizza mit Crème fraîche bestreichen und mit Aprikosen und Zwiebelscheiben belegen. Pizzaränder mit Olivenöl beträufeln und die Mini-Pizzen für etwa 12 Minuten auf der mittleren Schiene backen.

Pizza aus dem Backofen nehmen, mit Rucola, Mortadella und Burrata belegen und mit Salz und Pfeffer würzen.

UTENSILIEN

Messer | Schneidebrett | Backofen
Backblech | Salatschleuder

„Wie Calzone, nur besser: Mit einem fertigen Teig habt Ihr diese Pizzarolle ganz fix im Ofen. Ideal zum Teilen mit guten Freunden!"

STROMBOLI SPECIALE MIT LEICHTER AIOLI

FÜR 2 PERSONEN | 40 MINUTEN | MIT FLEISCH

EINKAUFSLISTE

1	Paprika, grün
4	Stiele Basilikum
2	Stiele Majoran
4 EL	Tomatenmark
1 EL	Balsamico-Essig, dunkel
2 EL	Oliven, entsteint und in Öl eingelegt
	Salz und Pfeffer
125 g	Mozzarella
1 Rolle	Pizzateig, aus dem Kühlregal
150 g	Kochschinken
120 ml	Milch
1	Knoblauchzehe
200 ml	Olivenöl
½	Zitrone

UTENSILIEN

Küchenwaage | Backofen | Messer Schneidebrett | Schüssel | Gabel Schneebesen | Backpapier Backblech | Pinsel | hohes Gefäß Pürierstab | Saftpresse

Backofen auf 200 Grad Umluft vorheizen. Paprika halbieren, entkernen und in 2 x 2 cm große Stücke schneiden. Kräuter waschen, trocken schütteln und vom Stiel zupfen. Paprika und Kräuter zur Seite stellen.

Tomatenmark in einer Schüssel mit Balsamico-Essig, der Hälfte des Öls von den Oliven und Majoran glatt rühren und mit Salz und Pfeffer abschmecken. Mozzarella abtropfen lassen und in grobe Würfel schneiden.

Pizzateig ausrollen und dünn mit der Tomatensauce bestreichen, dabei 3 cm am Rand frei lassen. Mit Schinken, Paprika, Mozzarella und Basilikum belegen. Pizzateig von der langen Seite her fest einrollen, die Enden des Teiges mit der Gabel andrücken und auf ein Backblech mit Backpapier setzen.

Mit einem scharfen Messer die Oberseite jeweils im Abstand von etwa 4 cm leicht einritzen, aber nicht durchschneiden. Pizza mit etwa 20 ml Milch einpinseln. Oliven halbieren, auf der Oberfläche der Stromboli verteilen und im unteren Drittel des Ofens für etwa 25 Minuten backen.

Derweil Knoblauch schälen, grob hacken, mit der restlichen Milch und etwas Salz in ein hohes Gefäß geben und 1 Minute pürieren. Öl langsam hinzufließen lassen und den Pürierstab vom Boden des Gefäßes nach oben ziehen. Dabei den Pürierstab ab und zu wieder nach oben und unten bewegen. Saft der Zitrone auspressen und ebenfalls unter die Aioli mixen.

Pizza aus dem Ofen nehmen, in Scheiben schneiden und mit der Milch-Aioli servieren.

MEIN TIPP

Die Aioli lässt sich sehr gut vorbereiten und hält sich im Kühlschrank abgedeckt etwa 7 Tage frisch.

MEIN TIPP

Für die Spätzle-Fans unter Euch haben wir auch ein Rezept für easy Käsespätzle parat – hier lang:

„Super easy: Wer Zutaten in eine Pfanne werfen kann, der kann auch dieses Gericht kochen. Pures Soulfood aus dem Süden!"

SCHNITZELPFANNE MIT SPÄTZLE UND CHAMPIGNONS

FÜR 2 PERSONEN | 35 MINUTEN | MIT FLEISCH

EINKAUFSLISTE

200 g	Champignons
1	Schalotte
1	Knoblauchzehe
4	Stiele Petersilie, glatt
300 g	Schweineschnitzel
	Salz und Pfeffer
2 EL	Mehl, Type 00
4 EL	Rapsöl
50 ml	Weißwein, trocken
150 ml	Sahne
150 ml	Fleischbrühe
2 EL	Butter
250 g	Spätzle, aus dem Kühlregal
1 Prise	Muskat, gemahlen

Champignons putzen und vierteln. Schalotte und Knoblauch schälen und beides in feine Würfel schneiden. Petersilie waschen, trocken schütteln und in feine Streifen schneiden. Schweineschnitzel in 1 cm breite Streifen schneiden. Streifen in eine Schüssel geben, mit Salz und Pfeffer würzen, Mehl dazugeben und darin wälzen.

2 EL Rapsöl in einer Pfanne erhitzen. Champignons, Schalotte und Knoblauch 2 Minuten scharf anbraten und in eine Schüssel geben. Restliches Rapsöl in die Pfanne geben, Schweinefleisch dazugeben und ebenfalls 2 Minuten scharf anbraten. Mit Weißwein ablöschen und einreduzieren lassen. Mit Sahne und Fleischbrühe aufgießen und aufkochen. Champignons zum Fleisch geben und 3 Minuten bei mittlerer Hitze kochen.

In der Zwischenzeit Butter in einer separaten Pfanne schmelzen, frische Eierspätzle dazugeben, 5 Minuten erwärmen und mit Salz und Muskat würzen.

Spätzle mit Schweinegeschnetzeltem und Petersilie servieren.

UTENSILIEN

Messer | Herd | Schneidebrett
Pfanne | 2 Schüsseln

RICOTTA-ZITRONEN-PANCAKES MIT AHORNSIRUP

FÜR 4 PANCAKES | 35 MINUTEN | VEGETARISCH

„Kennt Ihr schon Lisa? Unser Head of Production ist 'ne ganz Süße – zumindest, wenn es ums Mittagessen geht. Für die 100. Foodboom-Folge hat sie sich deshalb ausnahmsweise mal vor die Kamera gewagt und diese fantastischen Pancakes mit Ahornsirup zubereitet. Ihr Top-Tipp: Klümpchen müssen sein!"

EINKAUFSLISTE

150 g	Weizenmehl, Type 405
½ Pck.	Backpulver
2 TL	Zucker
1 Prise	Salz
2	Eier, Größe M
75 g	Ricotta
125 ml	Milch
½	Bio-Zitrone
10 g	Butter zum Ausbacken
1	Handvoll Beeren, gemischt
20 ml	Ahornsirup

In einer Schüssel Mehl, Backpulver, Zucker und Salz vermischen. Eier, Ricotta und Milch zugeben und mit einem Teigschaber verrühren. Der Teig darf dabei ruhig etwas klumpig bleiben.

Zitrone heiß waschen und abtrocknen. Die Hälfte der Schale fein abreiben und unter den Teig heben.

Eine große, beschichtete Pfanne auf niedrige bis mittlere Temperatur erhitzen und etwas Butter zum Schmelzen bringen. Teig portionsweise mit einer Kelle in die Pfanne geben und 4 Minuten backen. Sobald der Teig am Rand fest wird und sich auf der Oberfläche kleine Bläschen bilden, die Pancakes wenden und noch mal 4 Minuten backen.

Pancakes mit Beeren und Ahornsirup nach Geschmack anrichten und servieren.

UTENSILIEN

Schüssel | Teigschaber | Reibe | Herd
Pfanne | Kelle

MEIN TIPP

Die fertigen Pancakes könnt Ihr im Backofen bei 100 Grad warmhalten.

„Knuspriger Rand trifft auf cremige Füllung: Dieser Kuchen ist für mich der perfekte Abschluss für einen gechillten Grillabend"

GRIECHISCHER GRIESSKUCHEN

FÜR 1 KUCHEN | 60 MINUTEN | VEGETARISCH

EINKAUFSLISTE

1	Vanilleschote
1	Bio-Orange
500 ml	Milch (3,5 % Fett)
6 EL	Honig
150 g	Weichweizengrieß
4	Eier, Größe M
1 Prise	Salz
1 EL	Olivenöl
1 TL	Mehl, Type 405
300 g	Filoteig, aus dem Kühlregal

Vanilleschote der Länge nach halbieren und Mark herauskratzen. Orange heiß waschen, trocken tupfen, Schale abreiben und Saft auspressen.

Milch mit Vanillemark und Honig in einem Topf aufkochen. Orangensaft zugeben, Grieß unterrühren und etwa 10 Minuten quellen lassen. Eier unter die Masse rühren und mit Salz würzen.

Backofen auf 180 Grad Ober-/Unterhitze oder 160 Grad Umluft vorheizen. Springform mit Öl einfetten, mit Mehl bestäuben und vollständig mit Filoteig auslegen. Grießteig in die Form gießen, verstreichen und auf mittlerer Schiene im Ofen etwa 35 Minuten backen.

UTENSILIEN

Messer | Brett | Herd | Topf
Schneebesen | Reibe | Backofen
Springform (ø 26 cm) | Backblech

MEIN TIPP

Der Kuchen funktioniert auch herzhaft. Dafür den Honig weglassen, mit Salz und Muskat abschmecken und mit Oliven, Schafskäse und Rosmarin füllen.

BACKSTAGE BEI FOODBOOM

KEINE AHNUNG, OB SICH JE EINER VON EUCH IN DIE HAMBURGER BILLSTRASSE VERIRREN SOLLTE – ABER WENN DOCH: HIER SIND WIR ZU HAUSE, DREHEN VIDEOS UND MACHEN TRENDS. LUST AUF EINEN BLICK HINTER DIE KULISSEN?

Manchmal beginnt's in der Badewanne. Also mein Arbeitstag. Mit dem Skateboard als Arbeitstisch quer über den Wannenrand. Mit meinem geliebten Badekopfkissen unterm Kopf, einem Elbgold-Kaffee oder was zum Futtern. Mit dem Handy antworte ich dann auf die Fragen und Kommentare aus der Foodboom-Community. Meistens mit meinem privaten Kanal und ganz offen, also ohne ein Blatt vor den Mund zu nehmen oder mich irgendwie zu verstellen. Das Beste daran ist, dass man so eine Chance hat, seine Community zu verstehen. Was wollen unsere Follower? Was wird als Nächstes benötigt? Was trendet – und was nicht?

Social Media kann ja auch zu einer Art Sucht werden, denn es ist schon geil, wenn man tausendfach Bestätigung bekommt. Und es ist irre, wie manche Videos abgefeiert werden. Dass allein bei Insta unser Rouladenvideo mehr als sieben Millionen Views hatte, ist schon heftig. Klassisches Kochen, runtergebrochen auf unter eine Minute, quick and fancy: Das zieht einfach! Manchmal brauchen wir im Team dann zwei, drei oder sogar vier Stunden, um zumindest auf die Kommentare des Tages zu antworten – denn mehr geht nicht. Alles, was länger her ist als 24 Stunden, wird ignoriert. Außerdem ist irgendwann das Wasser kalt und ich muss rüber in die Billstraße. Wenn es nicht gerade mal wieder Schietwetter hat oder ich einkaufen muss, dann mit dem Fahrrad. So viel Öko muss schon sein, oder?

Eine kleine Liebeserklärung an das Team

In der Agentur ist kein Tag wie der andere. Und bevor Ihr jetzt denkt, ich hätte irgendwann Schwimmhäute oder Flossen: Ich fange nicht jeden Tag in der Wanne an, nur ein- bis zweimal die Woche gönn' ich mir den Vollwaschgang – aber ich freue mich jeden Tag auf das Team. Denn die Menschen hier bei Foodboom, die sind der Schlüssel zu allem. Sebastian, Jules und Mareike, Lisa, Sven, Boris, Pia und all die anderen: Ihr seid einfach klasse! Wenn man da mal drüber nachdenkt, ist es schon irre, was wir die vergangenen zehn

Ohne ihn wäre diese köstliche Reise für alle Beteiligten undenkbar gewesen: Mein Geschäftspartner und Mitgründer Sebastian Heinz. Gemeinsam haben wir beide so manche Kochturbulenzen gemeistert – und stoßen jetzt auf viele weitere Abenteuer an

WAS LOS

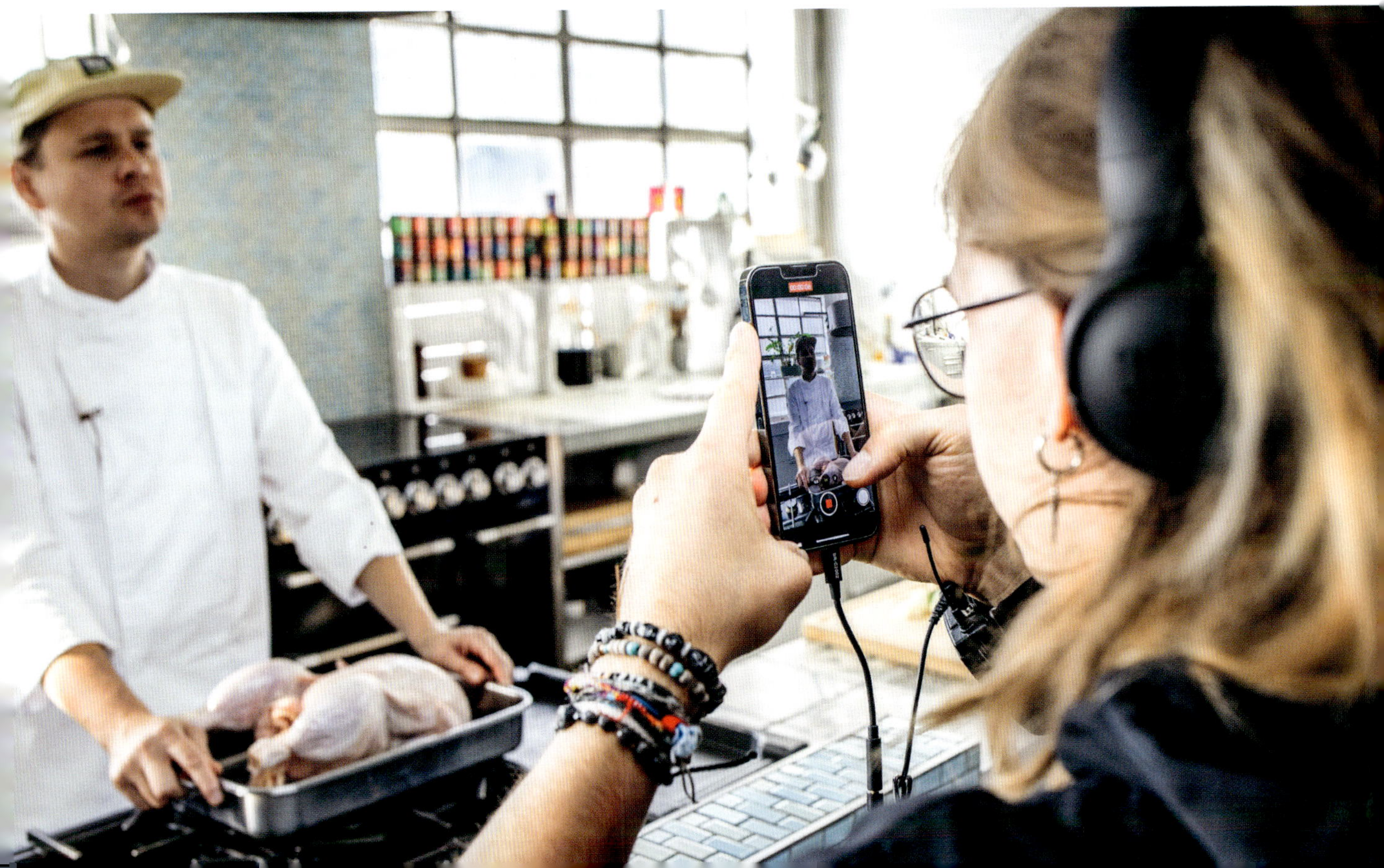

Jahre an autodidaktischer Selbsterfahrung so alles erlebt haben. Und wenn ich mal ein bisschen auf die Sahne hauen darf: Zehn Jahre in dieser wahnsinnig schnelllebigen Social-Media-Welt – da ist wahrscheinlich mehr passiert als andernorts in 50 Jahren.

Nicht so die beste Gegend, oder?

Eigentlich wollte ich Euch ja ein bisschen hinter die Kulissen von Foodboom führen. Und dazu müsst Ihr wissen: Wir hocken nicht in einer fetten Villa mit Elbblick oder im piekfeinen Überseehafen, sondern weiter östlich in einer der nicht so schönen Hafengegenden: in Rothenburgsort. Einst gedacht als Viertel für die Olympischen Spiele, aber dazu kam's ja nie, und so wartet die Gegend weiterhin auf eine bessere Zukunft. Unsere Heimat ist die Billstraße. Altes Kopfsteinpflaster mit ähnlich alten Teerflicken und knöcheltiefen Schlaglöchern. Wir haben einen abgebrannten Nachbarn im Osten (bei dem alle meine alten Erinnerungen eingelagert waren, verdammt!), an der Straße vorn warten Tagelöhner auf Arbeit, und was genau der eine oder andere Import- und Exportspezialist wirklich verkauft, das will ich gar nicht so genau wissen.

Aber mittendrin sind wir. In einem alten Sägewerk, das Sebastian und ich mit dem Team zu unserer eigenen kleinen Welt umgebaut haben. 2500 Quadratmeter, drei Studios und ein Abenteuerspielplatz für Fotografen, Videografen, Foodstylisten und Social-Media-Manager. Wir haben ein ganzes Lagerhaus voller Requisiten, Regalmeter um Regalmeter mit farblich sortierten Tellern, Tassen und Schüsseln: Das kann jeder kaufen. Bei uns stammt das meiste von einem Food-Fotografen aus Holland, der irgendwann aus Altersgründen aufgehört hat und dem wir dann seinen ganzen Fundus abgekauft haben.

Heute Koch – und morgen wieder Hausmeister …

Vieles in unserem alten Sägewerk haben wir selbst gebaut, und es ist schon gut, dass wir eigentlich alle handwerklich sehr begabt sind. Fliesen legen, Requisiten bauen, einen Tisch zusammenzimmern: Das kriegen wir alles selbst hin. Neulich hat mich ein Journalist gefragt, was ich denn mehr sei: Koch oder Foodstylist oder Geschäftsführer und so. Ich hab gesagt: Ich bin Koch und Hausmeister, Motivator, Ideengeber, Protagonist vor der Kamera und als Organisator irgendwie der Hannes für alles. Das mit dem rosa Elefanten zu unserer Party neulich hab' ich zwar nicht hinbekommen – aber als die Sandwichplatten fürs Dach kamen, da hatte ich binnen 45 Minuten einen Schwerlastkran vor Ort.

Die Foodboom-Studios sind farbenfroh und wild, mit Mut zur Lücke, ganz vielen Küchen und noch mehr Erinnerungen. Unser schönster Raum ist gleich vorn, wo wir mittags gemeinsam essen, eine supergeile Kaffeemaschine und eine kleine Bar haben, wo ein Glashaus im Raum steht, um mit Kunden zu quatschen und solche Sachen. Wenn Du aus diesem Raum rausgehst in Richtung der Studios, wird's schnell kunterbunt und ein bisschen chaotisch, aber unterlegt mit einem Duft, dass man einfach mal gucken muss, was gerade wieder gebrutzelt wird: Herzoginkartoffeln aus Erdäpfeln vom Isemarkt? Und nachher XXL-Sommerrollen? Coole Idee! Wird bestimmt lecker, aber vorher steht

Wenn wir für ein neues Video vor die Kamera gehen, haben wir uns schon ein Drehbuch geschrieben. Dann aber geht's in einem Rutsch durch, und am Schluss futtern wir, was wir produziert haben. Weggeworfen wird bei uns nichts!

noch ein Treffen an, mit dem bei uns immer wieder alles beginnt: die Redaktionskonferenz.

Zu Tisch, liebe Freunde!

Mareike, Sven und Hannes sitzen schon an dem Riesentisch, den wir in unser Studio 3 gestellt haben und der uns immer mal wieder als Ort für Meetings, Konferenzen und Brainstormings dient. Uns ist wichtig, dass jeder seine Ideen einbringen kann und das auch tut. Gerade die Protagonisten vor der Kamera. Für die ist es wichtig, dass sie ein Thema mögen, um es auch authentisch und mit echter Freude präsentieren zu können. Dafür sind wir alle immer wieder im Netz unterwegs, um up to date zu bleiben. Wir greifen Trends auf, und manchmal machen wir auch welche. Die Sache mit den Butterboards zum Beispiel, das hat bestimmt der eine oder andere mitbekommen. Das war in fünf Minuten, wir haben zum Schneiden eine Stunde oder so gebraucht, und dann ging's durch die Decke. Käseplatte war gestern, haben wir gesagt, und selbst aus Österreich riefen Zeitungen an, um darüber zu berichten.

Es gibt nur einen Versuch …

Im Grunde machen wir Infotainment. Unterhaltsame Wissensvermittlung. Damit wird man nicht reich, aber wenn man versteht, wie's läuft, kann man dieses Wissen auch an Firmen verkaufen und für die Content produzieren. Wichtig ist immer das Tempo. Wenn ein Trend aufpoppt, müssen wir binnen 24 Stunden was produzieren können. Sonst haben wir's verpasst. Und das wiederum ist der Grund, warum wir die meisten Videos als One-Shot drehen. Also nicht wieder und wieder, bis alles perfekt sitzt, sondern einmal. Kleine Pannen passieren so natürlich hin und wieder, aber ich finde: Die machen's auch echt. Und unter uns: Wo gibt's die nicht?

Auch in den nächsten Jahren werden wir noch viel selbst kochen und drehen und so – aber wir werden auch immer mehr Hilfe von der KI bekommen. Vieles geht ja heute schon! Die Untertitel in den Videos zum Beispiel. Neulich haben wir mit Jules' Stimme experimentiert und einen Avatar geschaffen, der mit ihrer Stimme plötzlich alle möglichen Sprachen sprechen konnte. Ein bisschen scary, aber auch cool, wenn man Foodboom mal internationaler denken möchte.

Für wen wir das Ganze machen? Für Euch!

Bisher ist es so: Wenn wir ein Video drehen, schreiben wir Protagonisten uns den Text vor. Die Audiospur wird dann direkt mit aufgesprochen, und der Mensch an der Kamera weiß grob, was als Nächstes passiert, und kann direkt draufhalten. Auch beim Schneiden macht's das einfacher, weil die Videosequenz gleich in der richtigen Reihenfolge ist. Die meisten Videos haben wir nach einer Stunde im Kasten, und immer öfter drehen wir mit dem Handy. Das ist irgendwie realistischer als mit den Profi-Kameras, lässt es vor allem nachmachbarer wirken, und genau das ist uns wichtig: dass wir unseren Foodboom-Freunden das Gefühl geben, easy nachmachen zu können, was wir da fabrizieren.

Und um ganz ehrlich zu sein: So ist das mit diesem Buch auch. Dass es Euch echt was bringt und Ihr Spaß habt mit unseren Ideen, das ist das Wichtigste!

Blick in unsere Welt: Teller und so Zeugs lagert bei uns regalweise. Keine Ahnung, ob wir je alle mal benutzen werden! Die Küchen in den Studios (links) haben wir übrigens selbst gebaut!

IMPRESSUM

Die in diesem Buch enthaltenen Empfehlungen, Angaben und Rezepte sind von uns mit größter Sorgfalt zusammengestellt und geprüft worden. Eine Garantie für die Richtigkeit der Angaben kann aber nicht gegeben werden. Herausgeber und Verlag übernehmen keine Haftung für Schäden und Unfälle.

Die Deutsche Nationalbibliothek verzeichnet diese Publikation in der Deutschen Nationalbibliografie; detaillierte bibliografische Daten sind online über http://dnb.d-nb.de abrufbar.

Zum Ausgleich der für diese Produktion entstandenen CO_2-Emissionen unterstützen wir das Projekt Heimatwald und engagieren uns für die klimaresiliente Aufforstung heimischer Waldflächen.

HERAUSGEBER	Ulf Tietge
REZEPTE	Hannes Arendholz
PROJEKTLEITUNG	Jana Vuckovic
FOTOGRAFIE	Julia Bögge, Stephanie Syfus, Daria Yakina, Florian Schade, Mariusz Mocak, Olaf Deharde, Christopher Große-Cossmann
REDAKTION	Ulf Tietge, Verena Vogt, Hannes Arendholz
LEKTORAT	Ilka Backmeister-Collacott, kultur&kontext
UMSCHLAGGESTALTUNG	Chiara Zoricic, Jana Vuckovic, Stefan Hilberer
LAYOUT	Jana Vuckovic, Stefan Hilberer
HERSTELLUNG & REPRO	Helena Schuwie
DRUCK UND BINDUNG	DZS Grafik, Ulica Jožeta Jame 22, 1210 Ljubljana

in Kooperation mit

FoodBoom

ISBN: 978-3-949346-07-1 · 1. Auflage · März 2024

VIVARO